Hochprozentiges Spiel

Christine Biernath

Hochprozentiges Spiel

gabriel

1

Meine Schonfrist geht zu Ende.

Natürlich habe ich gewusst, dass es irgendwann so weit sein würde. Trotzdem hatte ich gehofft, sie würden mir noch etwas Zeit geben.

Ein paar Tage.

Ein paar Wochen.

Ein paar Monate.

Meine Mutter hätte sicher mit sich reden lassen. Aber mein Vater nicht. Mein Vater ist unerbittlich.

»Wir brauchen wieder Normalität«, sagt er.

Und weil viele normale Familien in unserer normalen kleinen Stadt am Samstagabend zum Griechen gehen, will mein Vater das auch tun. Als ob es in unserem Leben jemals wieder so etwas wie Normalität geben könnte!

»Du musst dich doch daran gewöhnen, wieder unter Menschen zu kommen«, sagt er.

»Ich will nicht zum Griechen«, sage ich.

»Wir könnten auch zum Italiener gehen. Aber du

hast doch die Fischplatte bei Dimitrios immer so gern gegessen.«

»Richtig«, sage ich. »›Hast‹. Vergangenheit.«

»Lass sie doch, wenn sie nicht will«, mischt sich jetzt meine Mutter ein und einen Augenblick lang schöpfe ich Hoffnung.

Zu früh, denn mein Vater sagt: »Weißt du, ich hätte wirklich wieder einmal Lust auf Dimitrios' Fischplatte.«

Damit ist die Sache entschieden.

Ich will nicht essen gehen. Ich habe einen Knoten im Magen. Beim Gedanken an Scampi und Calamares wird mir schlecht.

Schwer atmend stehe ich in meinem Badezimmer, spüre das kühle Porzellan unter den Händen, als ich mich am Waschbecken abstütze.

Mein Blick wandert am Spiegel vorbei. Um den Spiegel herum. Über Cremetiegel, Fläschchen und Tuben hinweg.

Ich spüle mir den Mund aus, versuche den faden Geschmack loszuwerden. Vergeblich.

Ich gehe zurück in mein Zimmer. Dort hängt kein Spiegel. In meinem Zimmer ist die Welt in Ordnung.

Manchmal wenigstens.

Für einen Augenblick. Oder zwei.

Auf dem Bett liegt der Schal, der heute mit der

Post gekommen ist. Riesengroß. Weich. In kühlen, klaren Grüntönen mit ein wenig Blau. Ich kann kaum glauben, dass auf Mias riesigem alten Webstuhl etwas so Leichtes entstanden sein soll. Aber genau das hat sie geschrieben. Dass sie ihn selbst gewebt hat. Für mich.

Und wirklich verströmt der Schal ganz schwach Mias Duft. Diese Mischung aus Meer und Wiesen und salzigem Wind, die typisch für sie ist. Ich vergrabe mein Gesicht in dem Stoff, in dem Duft und fühle mich geborgen. Ich wickle mir den Schal um Kopf, Hals und Schultern und will plötzlich doch mein Spiegelbild sehen. Ich gehe zurück ins Bad. Wieder wandern meine Augen am Spiegel vorbei. Um den Spiegel herum.

Einmal. Zweimal.

Erst beim dritten Anlauf schaffe ich es.

Ich sehe aus wie eine Muslima. Meine Haut wirkt wie Porzellan. Hell und durchscheinend. Ohne einen einzigen Pickel. Vielleicht kann ich es doch schaffen.

»Wie schön du bist«, sagt mein Vater und öffnet die hintere Autotür für mich. Ich sitze immer hinten. Nicht auf dem Beifahrersitz. Nie mehr auf dem Beifahrersitz.

Dort sitzt meine Mutter. Sie betrachtet im Spiegel

der Sonnenblende kritisch ihr perfekt geschminktes Gesicht, fährt sich mit manikürten Fingern in die Locken, bis sie das leicht zerzauste Aussehen haben, dem man nicht ansieht, wie viel Sorgfalt dahintersteckt.

Mein Vater startet den Wagen. Es sind nur wenige Meter bis zu Dimitrios, aber es ist kalt und ich vertrage Kälte nicht. Darum fahren wir mit dem Auto. Auto fahren ist leichter zu ertragen als Kälte.

Hinter meinen Eltern betrete ich die *Taverna*. Sie ist voll. Wie jeden Samstagabend. Mias Schal zieht sofort alle Blicke auf sich.

Ich ignoriere das. Halte mich gerade. Wie eine Königin. Wie früher, als ich klein war, in der Ballettstunde. Ich spüre, wie mir die Blicke folgen. Trüge ich nicht meine Zwangsjacke, meinen Schutzschild, würden sie sich direkt in meinen Rücken bohren.

Nur die Zwangsjacke hält mich zusammen.

Kopf hoch. Rücken gerade.

Wie eine Königin.

Niemand würde es wagen, eine Königin so anzustarren.

»Den Oktopus-Salat kann ich heute besonders empfehlen«, sagt Dimitrios.

Höchstpersönlich hat er uns an den letzten freien Tisch geleitet. Nun reicht er die Speisekarten herum. Dabei wandern seine Augen über mein Gesicht. Wie

Krakenarme. Saugen sich fest wie die Arme des Oktopus, den er empfiehlt. Ich zupfe an meinem Schal. Will ihn höher ziehen. Er verrutscht.

Mit seinen Krakenarmaugen versucht Dimitrios, unter die Ränder meiner Maske zu gelangen. Erst als er meinem Blick begegnet, zieht er seine Tentakel ein.

»Oktopus-Salat?«, fragt er.

»Für mich nicht«, sagt mein Vater. »Mir reicht die Fischplatte.«

»Ich muss erst einmal einen Blick in die Karte werfen«, sagt meine Mutter.

»Gern.« Dimitrios verneigt sich leicht. »Wissen Sie schon, was Sie trinken wollen?«

Wieder saugen seine Augen sich an meinem Gesicht fest.

»Zwei Retsina?« Mein Vater sieht meine Mutter fragend an. Sie nickt.

»Für mich ein Mineralwasser«, sage ich.

»Siehst du, es geht doch.« Mein Vater grüßt zum Nebentisch hinüber.

Das Paar dort grüßt erschrocken zurück, senkt dann hastig den Blick auf seine Teller.

Erst jetzt merke ich, wie mein Herz rast. Ich atme langsam durch die Nase ein. Und wieder aus.

Einatmen. Und aus.

Mein Herz beruhigt sich ein wenig.

Dimitrios hat am Tresen die Getränke vorbereitet, nun kommt er mit einem kleinen Tablett zurück zu unserem Tisch. Zwei Karaffen Wein. Eine Flasche Mineralwasser. Gläser.

Ein schwacher Geruch steigt mir in die Nase. In meinem Hirn klicken hektisch Synapsen.

Dimitrios kommt näher.

Der Geruch wird stärker.

Mein Herz spielt verrückt.

Anis.

Das ist Anis!

Meine Kehle wird eng, wie von einer eisernen Kralle zusammengeschnürt. Ich bekomme keine Luft mehr. Greife mir an den Hals. Ich ersticke!

Warum merkt denn keiner etwas? Warum hilft mir niemand?

Dimitrios stellt drei Gläser Ouzo vor uns auf den Tisch und der Nadelfilz des Teppichbodens kommt mit rasender Geschwindigkeit auf mich zu.

2

Mein Vater besteht weiterhin darauf, dass ich nach den Faschingsferien wieder zur Schule gehe. Meine Mutter ließe vielleicht mit sich reden. Mein Vater nicht.

Deshalb kreist jetzt diese Frage in meinem Kopf: ganz vorne oder ganz hinten? Erste Reihe oder letzte? Noch nie war das so wichtig wie diesmal.

Ganz hinten sehen mich alle, sobald sie das Klassenzimmer betreten. Sie können mich anstarren, solange sie wollen. Es sei denn, ich komme als Letzte. Dann können sie einmal starren. Bis ich meinen Platz erreicht habe. Danach ist Schluss.

Denkfehler.

Nach jedem Stundenwechsel, nach jeder Pause wird es wieder losgehen. Also doch einen Platz in der ersten Reihe. Ganz außen. Im toten Winkel. Nur vereinzelte Blicke.

Auch schlecht.

So habe ich sie im Rücken. Alle. Höre sie flüstern. Höre sie lachen.

Den ganzen Tag.

Die ganze Woche.

Das ganze verdammte Schuljahr.

Also doch ganz hinten. Als Erste kommen. Den Kopf in den Armen vergraben. Nicht rühren, bis der Unterricht beginnt.

Genau. So mache ich es.

Einen Moment lang bin ich richtig erleichtert. So lange, bis mir klar wird, dass ich etwas Entscheidendes nicht bedacht habe: Nach den Faschingsferien fängt das zweite Halbjahr an. Die Plätze sind längst vergeben.

Der Lehrer wird mit mir vor die Klasse treten. Er wird sagen: »Das ist eure neue Mitschülerin. Seid nett zu ihr.«

Oder so ähnlich.

Und sie werden dasitzen und mich anstarren. In aller Ruhe.

Der Lehrer – oder die Lehrerin – wird sagen: »Setz dich doch zu Sowieso. Da ist ein Platz frei.«

Und Sowieso, irgendein Loser – wer sonst sitzt schon alleine? –, wird sagen: »Da drüben ist doch auch noch Platz.«

Und der Lehrer – oder die Lehrerin – wird ihn sehr ernst ansehen und Sowieso wird an den äußersten Rand seiner Bank rutschen, um für mich Platz zu machen.

Das halte ich nicht aus.

Auf keinen Fall.

»Ich gehe nicht zur Schule«, sage ich.

»Was ist das denn für ein Unsinn?«

Mein Vater sitzt mit meiner Mutter im Wohnzimmer. Im Fernsehen läuft der *Tatort.* Wie jeden Sonntag, solange ich denken kann.

Die ganze Woche ist mein Vater unterwegs. Verkauft Werbeartikel. Dinge, die die Welt nicht braucht. Dinge, die ihm nicht das Geringste bedeuten. Dafür will er am Wochenende seine Ruhe haben. Nur tun, was ihm Spaß macht.

Im Sommer den Handtuchrasen vor der Terrasse trimmen. Überflüssige Triebe aus Tomatenblattachsen knipsen.

Die Buchsbäume vor der Haustür zu perfekten Kugeln schneiden.

Im Winter liest mein Vater.

Bis vor Kurzem am liebsten historische Romane. Doch seit er dort auf die ausführliche Beschreibung einer Hexenverbrennung gestoßen ist, zieht er Thriller vor.

Und Sonntagabend sieht er *Tatort.*

Im Sommer wie im Winter.

Meine Mutter sitzt dabei, obwohl sie sicher viel lieber in einem angesagten Restaurant dinieren würde. Oder auf einem Open-Air-Konzert abtanzen. Oder auch in einer schummrigen Kneipe den neuesten französischen Film diskutieren.

Stattdessen sieht sie mit meinem Vater *Tatort* und trinkt Rotwein gegen den Herzinfarkt aus Langeweile.

»Natürlich gehst du in die Schule«, sagt mein Vater. »Du hast schon mehr als genug versäumt.«

»Ich habe nichts versäumt. Ich war schon einmal in der neunten Klasse.«

Das bringt ihn einen Moment aus der Fassung. Er schluckt. Dann sagt er: »Du musst wieder zur Schule. Das Leben geht schließlich weiter.«

Meine Mutter stößt einen erstickten Laut aus.

Es könnte ein Lachen sein.

Oder ein Weinen.

Oder der Beginn eines hysterischen Anfalls.

3

»Guck mal, Mama!«

Meine Mutter saß im Wohnzimmer auf der Couch und blätterte in der Fernsehzeitung. Als ich wie ein Model mit schwingenden Hüften einmal durch den ganzen Raum schritt, sah sie hoch und lachte laut heraus.

»Findest du das nicht ein bisschen zu – gewagt?«

»Mensch, Mama!« Genervt ließ ich mich ihr gegenüber in einen Sessel fallen. »Wir gehen auf eine Bad-Taste-Party! Da wird das geschmackloseste Outfit prämiert! Was meinst du, wie lange Luisas Mutter nach diesen Kleidern gesucht hat!«

Meine Mutter schüttelte den Kopf, doch dann sprang sie auf und sagte: »Weißt du was? Ich glaube, ich habe das ultimative Accessoire dazu.« Sie reichte mir die Hand und zog mich hoch. »Komm mal mit.«

Ich folgte ihr ins Gästezimmer im ersten Stock und sah gespannt zu, wie sie die Türen des riesigen Einbauschranks eine nach der anderen aufriss, bis sie hinter der letzten endlich fand, was sie suchte. »Ich wusste doch, dass ich die Sachen noch irgendwo habe!« Auf Zehenspitzen wühlte sie im obersten Fach herum und zog schließlich triumphierend eine große, kunterbunt geringelte Häkeltasche hervor. »Ist zwar nicht 60er-Jahre, sondern 70er«, sagte sie, »aber mindestens genauso geschmacklos.«

»Sag bloß, die hast du selbst gehäkelt!«

»He! Mach mich nicht älter, als ich bin!« Mama tippte mir auf die Nasenspitze. »Diese Welle war zum Glück fast vorbei, als ich in die Schule kam. Aber Maria hatte es total erwischt. Die hat sich vom Mantel bis zum Bikini einfach alles gehäkelt. Schrecklich, sag ich dir! Aber um diese Tasche habe ich sie damals glühend beneidet. Irgendwann hat sie mein Gequengel nicht mehr ausgehalten und sie mir geschenkt.« Gedankenverloren fuhr meine Mutter die bunten Wollspiralen mit dem Zeigefinger nach.

»Darf ich wirklich ...?«

»Natürlich. – Hier.« Sie gab mir die Tasche.

Ich hängte sie mir über die Schulter und betrachtete mich in den Spiegeltüren des Schranks. Die Farbkombination tat in den Augen weh. »Genial! Danke!« Ich drückte meiner Mutter einen Kuss auf die Wange. »Jetzt muss ich mich aber beeilen. Luisa und die anderen warten sicher schon auf mich!«

»Lass dich nicht aufhalten!«

Als ich mich auf dem Treppenabsatz noch einmal umdrehte, sah ich meine Mutter vorsichtig einen Stapel Schallplatten aus dem Schrank heben.

Es war bitterkalt und einen Augenblick wünschte ich mir, wir hätten uns wärmere Kostüme ausgesucht, aber dann schob ich die Hände tief in die Taschen meiner Daunenjacke und marschierte weiter. Die Pfennigabsätze meiner Stiefeletten klapperten über den Asphalt.

Bis zu Luisa war es nicht weit. Gleich beim ersten Klingeln riss sie die Wohnungstür auf und rief: »Tätääää!« Mit weit ausgebreiteten Armen drehte sie sich einmal um sich selbst und grinste: »Wir müssen einfach gewinnen, oder?«

»Das will ich doch hoffen!« Luisas Mutter saß mit einer Zigarette zwischen den Lippen am Schreibtisch im Flur und starrte angestrengt auf den PC-Monitor. »Schließlich habe ich Tage meines Lebens damit verbracht, diese Prachtstücke für euch zu ergattern.«

Luisas kurzes Polyesterkleid im 60er-Jahre-Stil war braun-orange gemustert. Dazu trug sie löchrige schwarze Netzstrümpfe, neongrün und pink geringelte Legwarmers und fast bis zu den Ellbogen hinauf billige bunte Plastikarmbänder. In ihren aufgegelten Stachelhaaren saß ein getigerter Haarreif.

»Ha! Meins!«

Ich zuckte zusammen, als Frau Kern einen Triumphschrei ausstieß und einen Arm in die Höhe reckte. Die

Aschesäule ihrer Zigarette stürzte ab und landete in der Computer-Tastatur.

»Gibst du schon wieder mein schwer verdientes Geld aus?«, tönte von irgendwoher eine Männerstimme.

»Im Gegenteil, mein Liebling, ich spare!« Frau Kern blinzelte uns zu.

Luisa nahm ihre Jacke vom Garderobenhaken, streckte den Kopf ins Wohnzimmer und flötete: »Ciao, Paps!«

»Viel Spaß! – Und komm nicht so spät nach Hause.«

Luisa verzog das Gesicht. »Die schmeißen uns sowieso um zehn raus. Du weißt schon – Jugendschutz.«

»Dann ist es ja gut«, lachte Herr Kern. »Jetzt mach schnell die Tür wieder zu, bevor deine Mutter mich in Rauchfleisch verwandelt.«

Luisa gehorchte, warf ihrer Mutter noch eine Kusshand zu und zog mich aus der Wohnung. Draußen auf der Straße klapperten ihre Absätze mit meinen um die Wette und sie fing an, etwas von *Everlasting Love* zu trällern. Kurz bevor wir zu Vivien abbogen, wurde hinter uns ein Auto immer langsamer. Als es auf unserer Höhe war, ließ der Fahrer sein Fenster herunter. »He, Mädels«, sagte er. »Mein Freund wüsste gern, was ihr für die Stunde nehmt.«

»Und ob ihr's auch zu zweit macht«, ertönte eine Stimme aus dem Wageninneren.

Vor Schreck wurde mir ganz flau im Magen, doch Luisa warf nur den Kopf in den Nacken, reckte einen

Mittelfinger in die Höhe und marschierte weiter. Das Gelächter der jungen Männer verfolgte uns bis vor die Gartenpforte der Straubs.

Dort trippelte Vivien bereits von einem Fuß auf den anderen. »Von wegen *Legwarmers*«, jammerte sie. »Ich hab Eisbeine!«

»Selbst schuld«, lachte Luisa. »Warum stehst du auch hier draußen?«

»Mein Vater sollte mich so nicht sehen. Mir hat schon das Gesicht von meiner Mutter gereicht.«

Luisa schnaubte. »Wir wollen *Miss Bad Taste* werden. – Sollen wir uns da etwa *schön* machen?«

Ohne zu antworten, hakte Vivien sich bibbernd auf meiner anderen Seite ein, und wir mussten auf die Straße ausweichen, weil der Gehweg zu schmal für uns wurde. Schon nach wenigen Schritten hatten wir wieder einen gemeinsamen Rhythmus gefunden und ich musste lachen. »Das ist wie früher: Ein Hut, ein Stock …«

»… ein Reeegenschirm«, quäkte Luisa.

»Und: vorwärts, rückwärts, seitwärts, Schluss«, ergänzte Vivi.

Obwohl wir nun ständig für *vorwärts, rückwärts, seitwärts, Schluss* anhalten mussten, standen wir bald darauf vor Merles Tür.

Vivien klingelte.

Im Haus blieb es ruhig. Nur im ersten Stock brannte hinter einem Fenster Licht.

»Lass mich mal.« Luisa schob Vivien beiseite und blieb mit dem Daumen auf dem Klingelknopf, bis im Hausflur Licht aufflammte. Die Tür ging auf und Frau Schwarz musterte uns missbilligend von Kopf bis Fuß. »Dass eure Eltern euch so auf die Straße lassen ...«

Merle kam die Treppe herunter. »Ich hab dir doch gesagt, dass wir alle so gehen!«, schniefte sie.

Luisa starrte sie fassungslos an. »Wie siehst du denn aus?«

»Ihrem Alter angemessen«, erklärte Frau Schwarz kühl.

Merle trug eine schlabberige, wadenlange Jeanslatzhose, dazu ein weißblaues Ringelshirt, rot-grüne Ringelsocken und eine riesige Nickelbrille. Das weißblonde Haar hatte sie zu Kleinmädchenzöpfen geflochten. Von unserem ursprünglichen Kostüm waren nur noch ein knallroter Plastikhaarreif und die vielen bunten Armbänder übrig. Jetzt zog Merle ihren Parka an und schlüpfte an ihrer Mutter vorbei.

»Um zehn Uhr ist Schluss!«, rief die ihr nach.

»Wie könnte ich das vergessen«, murmelte Merle und hakte sich bei mir unter. Vivien kam an meine andere Seite und Luisa hängte sich bei ihr ein. Als wir den Weg zum Gemeindezentrum einschlugen, waren wir irgendwie aus dem Tritt. Luisas Absätze hämmerten wie Trommelfeuer auf den Asphalt. Vivi und ich hatten Mühe mitzuhalten und Merle in ihren gummibesohlten Stoffturnschuhen latschte sowieso trübsinnig mehr hinter als neben uns her.

»Was sind wir denn jetzt für ein Kleeblatt?«, schimpfte Luisa. »Mit Pippi Langstrumpf im Schlepptau!«

»Hör schon auf!«, sagte ich. »Lieber Pippi Langstrumpf als gar keine Merle.«

»Menschenskinder, wir vier im gleichen Kostüm – das wäre echt was Besonderes gewesen«, maulte Luisa weiter.

»Ich war ja fix und fertig angezogen.« Merle klang immer noch ein wenig weinerlich. »Aber meine Mutter hätte mich so nicht gehen lassen. Ihr wisst doch, wie sie ist.«

»Moment mal«, sagte ich und blieb stehen. »Eigentlich hatte ich das für später gedacht, aber bevor wir anfangen, Trübsal zu blasen ...«

Luisa runzelte die Stirn, Merle sah mich fragend an und Vivien guckte neugierig zu, wie ich anfing, in der riesigen Häkeltasche zu wühlen.

»Hier!« Ich grinste. »Bei uns steht so viel von dem Zeug im Keller, da merkt mit Sicherheit niemand, wenn etwas fehlt.«

»Pflümli! Geil!« Viviens Gesicht leuchtete auf.

»Du bist ein Schatz!« Auch Merle strahlte plötzlich und selbst Luisa wirkte weniger grimmig. Wir stießen an, klemmten die Flaschenhälse zwischen die Zähne, legten die Köpfe in den Nacken und ließen den süß brennenden Likör die Kehlen hinunterrinnen.

»Brrr!« Vivien schüttelte sich und Merle grinste: »Du solltest vielleicht lieber Eierlikör trinken.«

»Kommt überhaupt nicht infrage«, sagte ich und verteilte noch eine Runde.

Als ich gegen halb elf nach Hause kam, flackerte im Wohnzimmer blaues Licht, doch es war kein Ton zu hören. Ich schlüpfte aus meinen Schuhen, ließ sie an der Garderobe stehen und schlich die Treppe hinauf. Durch die halb offene Tür des Gästezimmers schwebten Gitarrenklänge in den Flur und eine sanfte Männerstimme sang etwas von einer schlafenden Lady. Neugierig lugte ich ins Zimmer. Auf dem Fußboden vor dem Einbauschrank stand ein kleiner pinkfarbener Plattenspieler inmitten von Plattenhüllen und schwarzen Scheiben. Als die sanfte Männerstimme jetzt verklang, erhob sich meine Mutter aus dem Sessel am Fenster. Sie sah mich und zuckte zusammen.

»Hast du mich erschreckt«, sagte sie mit ganz fremder Stimme. »Stell dir vor, Marias alter Plattenspieler war auch noch im Schrank. Den hat sie mir geschenkt, als sie ausgezogen ist. Und ihre Plattensammlung gleich dazu. – Mein Gott, war ich da noch jung …« Sie schüttelte kurz den Kopf, als wolle sie die Erinnerungen verscheuchen, und fragte dann mit ihrer Alltagsstimme: »Habt ihr gewonnen?«

»Äh, nein … «, stotterte ich. »Merle hat … Dabei war ihr Kostüm eigentlich ziemlich blöd.«

Meine Mutter kam zu mir herüber und streichelte mir über die Wange. »Ach ja, Schätzchen, mach dir nichts draus.«

»Wo ist Papa?«, fragte ich.

»Schläft wahrscheinlich vor dem Fernseher. Hat wieder eine unheimlich anstrengende Woche hinter sich.«

»Ich glaube, ich gehe auch ins Bett ...«

»Tu das«, sagte meine Mutter. »Lasst mich ruhig alle allein.«

Sie wandte sich ab, kniete sich neben den kleinen Plattenspieler und setzte die Nadel vorsichtig zurück an den Anfang des Liedes. Es rauschte und knisterte und dann schwebten wieder die Töne der Gitarre und die sanfte Männerstimme durch den Raum.

I loved you my lady, verfolgten sie mich bis hinauf unters Dach, *though in your grave you lie ...*

Immer noch spürte ich die eisigen Finger meiner Mutter auf der Wange.

4

Ich will nicht. Ich will nicht! ICH WILL NICHT!

Ich muss.

Bevor er heute Morgen losfuhr, hat mein Vater noch einmal betont, wie wichtig es sei, zur Normalität zurückzukehren. Also werde ich in einer halben Stunde vor einer ganz normalen Klasse stehen. Ich werde die einzig Anormale sein. Eine Aussätzige.

»Ich fahre das Auto schon mal raus!«, ruft meine Mutter von unten.

»Mach doch«, will ich sagen. »Fahr das Auto raus. Fahr weg. Mach, was du willst, aber lass mich in Ruhe!«

Natürlich sage ich das nicht.

Ich gehe ins Bad. Sehe um den Spiegel herum, als ich mir den Schal umlege. Wie vor zwei Tagen hüllt mich mit dem Schal auch Mias tröstlicher Duft ein. Fast kommt es mir vor, als würde sich mit diesem weichen Gewebe ein wenig von ihrer Stärke auf mich übertragen.

Vor dem Haus wird gehupt.

Ich drapiere mir den Schal um Kopf und Hals, ohne in den Spiegel zu sehen. Aber ich muss wissen, ob er richtig sitzt.

Meine Mutter hupt wieder.

Einmal. Zweimal. Dreimal.

Beim vierten Anlauf schaffe ich es, den Blick in den Spiegel zu richten. Wieder staune ich darüber, was der Schal aus mir macht, und werde ein wenig ruhiger. Ich greife nach meiner Tasche und gehe hinunter.

Bei laufendem Motor wartet meine Mutter im Auto vor dem Haus. Ich öffne die hintere Wagentür.

»Musst du die Luft so verpesten?«, frage ich und steige ein.

»Meinst du, ich will erfrieren, während ich auf dich warte?«

Mit quietschenden Reifen biegt meine Mutter in die Hauptstraße ein. Zwei Minuten sind es bis zur Schule. Eigentlich ist es peinlich, sich eine so kurze Strecke fahren zu lassen.

Aber zu Fuß zu gehen, wäre noch peinlicher.

»Soll ich mitkommen?«, fragt meine Mutter, als sie in der Nähe des Haupteingangs hält.

»Muss ich da wirklich rein?«

Meine Mutter seufzt.

Unsere Blicke treffen sich im Rückspiegel.

»Ich bin um eins wieder hier«, sagt sie.

Ich steige aus und knalle die Autotür hinter mir zu.

Die gesichtslose Menge nimmt mich auf, zieht und schiebt mich ins Schulhaus. Ich erreiche die Toiletten im Erdgeschoss, ohne jemandem zu begegnen, den ich kenne. In der ersten Kabine, der mit dem Fenster, schließe ich mich ein. Ich reiße einen Fensterflügel auf, atme tief durch. Für einen Moment ist mir die Kälte egal. Ich höre die Stimmen draußen auf dem Gang. Höre Jammern. Höre Lachen. Wie soll ich es nur schaffen, dort hinauszugehen? Ich will hierbleiben, bis zum Einuhrläuten.

Im Vorraum erklingt Gelächter. Jemand rüttelt an der Tür meiner Kabine.

»Mist! Besetzt.«

»Ich brauche aber unbedingt eine Zigarette!«

Meine Hände werden feucht. Ich sinke auf den Toilettensitz. Wie ein Kaninchen hocke ich in der Falle. Schon wieder spielt mein Herz verrückt, schlägt so wild, dass die beiden vor der Tür es eigentlich hören müssten.

»Dann gehen wir eben einen Stock höher«, sagt die erste Stimme. Ein klein wenig herablassend, genau so, wie ich sie in Erinnerung habe.

»Ja«, flehe ich stumm. »Macht das. Geht. Geht! GEHT ENDLICH!«

Ich höre Absätze auf Fliesen klicken. Die Klotür schlägt zu.

Erst jetzt merke ich, dass ich die Luft angehalten habe. Ich atme aus. Meine Gedanken rasen.

Ich kann nicht hierbleiben bis zum Einuhrläuten. In der Pause werden sie wieder die Toilette stürmen. Werden in diese Kabine wollen. Die mit dem Fenster. Die, in der man rauchen kann.

Außerdem muss ich ins Sekretariat. Schließlich wissen sie, dass ich heute zurückkomme. Wenn ich nicht bald auftauche, werden sie meine Mutter anrufen.

Also verlasse ich mit gesenktem Kopf die Toilette. Durchquere die Aula. Klopfe am Sekretariat. Bevor mich jemand dazu auffordert, trete ich ein. Die Sekretärin sieht tadelnd hoch. Erkennt mich. Setzt ein falsches Lächeln auf. Ihr Blick ist nicht klebrig wie Dimitrios' Krakenarmaugen, sondern eher wie ein Mäuschen, das hierhin und dorthin huscht, alles sehen will, ohne selbst entdeckt zu werden.

»Wie schön, dass du wieder da bist. Wir alle freuen uns …« Sie weiß nicht weiter. Verstummt. Wird rot.

Es läutet zum Unterrichtsbeginn.

»Ich bringe dich in deine Klasse«, stottert die Sekretärin. »Du bist in der 9c.«

Ich nicke. Eigentlich gehöre ich in die 10a. Aber weil ich ein Halbjahr versäumt habe, soll ich den Rest des Schuljahres noch einmal in der Neunten sitzen. Vielleicht ist es ja besser so. Vielleicht ist es einfacher in einer Klasse, in der mich niemand kennt.

Ich folge der Sekretärin durch vertraute Gänge, bis sie vor einem Klassenzimmer anhält und klopft.

Es ist so weit.

Tief einatmen. Und aus.

Ein. Und aus.

»Herr Bergammer, ich bringe Ihnen Ihre neue Schülerin«, sagt die Sekretärin.

Den Bergammer hatte ich noch nie. Weiß nur vom Hörensagen, dass er weich sein soll. Schlaff. Alles ausdiskutieren lässt. Nachgibt, wenn man selbst nur hartnäckig genug bleibt.

Vielleicht ist das gut. Vielleicht werde ich das brauchen.

»Komm herein«, sagt er. »Hier vorne ist noch ein Platz für dich frei. Ich bin sicher, du wirst dich in dieser Klasse wohlfühlen.«

Ich sehe niemanden an, als ich den Platz in der ersten Reihe einnehme. Ganz außen. An einem Tisch für mich allein. Besser hätte es kaum kommen können.

»Ich bin Klassenleiter der 9c«, sagt der Bergammer. »Ich unterrichte hier Englisch und Geografie. Wir haben gerade eine Doppelstunde Englisch. Den Stundenplan gebe ich dir in der Pause.«

Ich mache mich ganz klein auf meinem Platz.

Hole Block und Stifte aus der Tasche. Wage kaum zu atmen. War das alles? Kann es wirklich so leicht sein?

In meinem Rücken erklingt eine klare Stimme: »Wenn ich meinen *türban* in der Schule ablegen muss, soll sie auch diesen Schal abnehmen.«

Ich erstarre. Mit vielem habe ich gerechnet, aber mit so etwas nicht.

Auch der Bergammer wirkt schockiert.

»Aber Hülya«, stottert er. »Das ist doch etwas ganz anderes …«

»Finde ich nicht«, sagt die klare Stimme. »Die Jungs müssen ihre Baseballkappen abnehmen. Nuria und ich dürfen unser Haar nicht bedecken. Dann kann sie auch keinen Schal tragen.«

Der Bergammer sieht mich an, als erwarte er Hilfe von mir.

»Finde ich auch«, sagt jetzt eine Jungenstimme. »Gleiches Recht für alle. Darüber haben wir schließlich ewig diskutiert.«

Ich kann nicht glauben, dass das hier wirklich passiert. Ich warte darauf, dass der Bergammer erklärt, dass mein Fall vollkommen anders liegt, doch das tut er nicht. Sein Blick wandert hilflos durch die Klasse.

»Kirsten«, sagt er, »du als Klassensprecherin …«

»Ich als Klassensprecherin finde, dass ein Beschluss,

den die Klassengemeinschaft gefasst hat, für alle gelten muss«, doziert eine spitze Stimme.

»Äh … wärst du dann bitte so freundlich …?« Der Bergammer sieht mich auffordernd an.

Ich beginne am ganzen Körper zu zittern. Ich will aufspringen. Mich irgendwo verstecken. Ich weiß, dass es sinnlos ist. Morgen stehe ich schließlich wieder hier.

Und übermorgen.

Und nächste Woche.

Ich greife nach Mias Schal. Spüre ihn weich unter meinen Fingerspitzen. Stelle mir vor, wie sie an ihrem Webstuhl diese wunderbaren Farben ausgesucht und dabei an mich gedacht hat. Wieder habe ich das Gefühl, dass etwas von ihrer Stärke sich auf mich überträgt. Ich löse den Schal. Lasse ihn von meinem Kopf gleiten. Spüre ihn warm auf meinen Schultern liegen.

Hinter mir schnappen zwanzig, fünfundzwanzig Münder wie ein einziger nach Luft.

5

Es juckt. Es juckt so schrecklich!

Ich will raus! Raus aus meiner Zwangsjacke! Raus aus meiner Haut! Natürlich weiß ich, dass das nicht geht. Aber kratzen kann ich. Kratzen, bis mir die Haut in Fetzen vom Körper hängt.

Nein. Ich bin ein braves Mädchen. Vernünftig. Ich kratze nicht. Kralle stattdessen meine Fingernägel in die Handflächen. Keine gute Idee. Auch meine Handflächen sind empfindlich.

Es tut weh. Das auch. Aber den Schmerz kann ich aushalten. Dagegen habe ich Tabletten.

Auch gegen den Juckreiz habe ich Tabletten, aber die helfen längst nicht so gut. Heute helfen sie überhaupt nicht. Das Jucken wird unerträglich. Macht mich wahnsinnig.

Ich muss raus. Jetzt! Sofort!

Ich zerre mir den Pullover vom Leib. Suche fieberhaft nach dem Reißverschluss. Weine fast vor Erleichterung, als ich ihn zu fassen bekomme. Ich schäle mich aus der Kompressionsjacke. Das Jucken hört nicht auf.

Aber jetzt kann ich kratzen. Endlich! Wie rasend fahren meine Nägel von den Handgelenken hinauf zu den Ellenbogen, krallen sich in die weiche Innenseite meiner Unterarme. Der Schmerz, als ich die Haut durchbohre, überdeckt für einen kurzen Moment den Juckreiz.

Tränen der Erleichterung laufen mir über die Wangen. Ich bin wie in Trance. Höre nicht, dass meine Mutter das Zimmer betritt.

»Meine Güte«, sagt sie. »Ist es wieder so schlimm?«

Ich sinke auf mein Bett. Schluchze. Beiße mir auf die Lippen. Schmecke Blut.

Meine Mutter setzt sich neben mich.

Ich greife nach meinem Pullover. Presse ihn an meine nackte Brust.

»Soll ich dir einen Procain-Umschlag machen?«, fragt meine Mutter.

Ich zucke mit den Schultern.

Sie steht auf.

Ich lasse mich fallen, zerre mir die Bettdecke bis zum Hals, mache die Augen zu. Im Badezimmer öffnet meine Mutter eine Schublade, schließt sie wieder. Glas klirrt auf Porzellan. Wenig später knarrt mein Bett, als meine Mutter sich wieder zu mir setzt.

Ich halte die Augen geschlossen.

»Heb mal den Kopf an, Liebes.«

Ich gehorche.

Meine Mutter öffnet den Reißverschluss in meinem Nacken und nimmt mir die Bandage ab. Ich lasse den Kopf zurück ins Kissen fallen. Spüre, wie meine Mutter die Bettdecke zurückschlägt, fühle die feuchten Tücher, die sie auf meinem Oberkörper ausbreitet, auf meinem Hals, dem unteren Teil meines Gesichts.

Dann deckt sie mich wieder zu wie ein kleines Kind.

»Alles wird gut«, sagt sie leise. »Wir müssen nur noch ein bisschen Geduld haben. – Ich komme in einer Stunde und creme dich ein.«

»Es reicht, wenn du mir den Wecker stellst«, sage ich. »Den Rest schaffe ich alleine.«

»Bist du sicher?«

»Natürlich.«

Lieber kugele ich mir beim Eincremen die Schulter aus, als den Blick zu ertragen, mit dem meine Mutter meine Narben ansieht.

6

Meine Mutter lehnte am Türrahmen und rang nach Luft. Die sechsunddreißig Stufen hinauf in mein Reich brachten sie regelmäßig an ihre Grenzen. »Anna«, japste sie. »Anna …«

Ich klickte vom Chat- aufs Englischprogramm und wirbelte auf meinem Drehstuhl zu ihr herum. »Was ist denn passiert?«

»Eine Katastrophe.« Mama sank auf meine Bettkante und einen Moment lang dachte ich, sie wolle anfangen zu weinen, so sehr ähnelte sie einem Kind, dem man sein Lieblingsspielzeug weggenommen hat.

»Maria hat eben angerufen. Sie hat im April keine Zeit. – Das heißt, ich kann nicht fahren.«

Im April fuhren meine Eltern jedes Jahr zur Messe nach Hannover und Mamas große Schwester kam, um auf mich »aufzupassen«.

Beim ersten Mal, daran erinnere ich mich genau, ging ich noch nicht zur Schule. Also hatten wir von früh bis spät Zeit und die nutzten wir, um im Garten ein riesiges

Loch zu graben. In dem Bilderbuch, das meine Tante mir mitgebracht hatte, stand nämlich, dass auf der anderen Seite der Erde die Chinesen lebten. Zu denen wollte ich mich durchgraben und Maria half mir dabei. Obwohl wir unser Loch im Blumenbeet gestartet hatten, wurde im Laufe unserer Buddelarbeit der Rasen ziemlich in Mitleidenschaft gezogen und im folgenden Jahr bestand mein Vater darauf, allein zur Messe zu fahren.

Als er wiederkam, schmollte meine Mutter wochenlang mit ihm und von da an betrachtete er meine Tante als das kleinere Übel, selbst als er sich fast ein Bein brach, weil wir auf dem Fliesenboden im Keller mit Speiseöl eine »Schlittschuhbahn« angelegt hatten.

Ein Frühlingsanfang ohne Tante Maria war für mich ebenso undenkbar wie für meine Mutter ein April ohne die Hannover-Messe mit ihren Champagner-Cocktails und Lachshäppchen. Trotzdem stieg plötzlich wie ein bunter Luftballon eine Idee in meinem Kopf auf.

Sturmfreie Bude! Fünf Tage lang!

Ich setzte mich neben Mama aufs Bett und legte ihr einen Arm um die Schultern.

»Ich bin doch fast fünfzehn«, sagte ich. »Ich kann leicht ein paar Tage allein zu Hause bleiben.«

»Ach, Anna!« Meine Mutter schien eine ganze LKW-Ladung Steine auf dem Herzen zu haben. »Dein fünfzehnter Geburtstag – der fällt dieses Jahr genau auf den ersten Messetag! Und du weißt ja, dass dein Vater gerade an diesem Tag immer besonders viele Termine hat. Wenn Maria gekommen wäre, dann ... Aber so ... Ich kann dich doch nicht an deinem Geburtstag allein lassen!«

Fünfzehn zu werden, ohne dass Mama den Geburtstagstisch deckte, war tatsächlich eine unschöne Vorstellung, doch für ein paar elternfreie Tage lohnte es sich wahrscheinlich, das in Kauf zu nehmen.

»Ich wäre ja nicht allein«, sagte ich deshalb vorsichtig. »Merle, Vivi und Luisa besuchen mich doch.«

»Meinst du ... Du würdest also ...?« Meine Mutter sah mich hoffnungsvoll an.

»Du freust dich doch immer so auf diese Messe.«

»Das tue ich wirklich«, seufzte sie. »Ist ja sonst nichts los in meinem Leben ...«

Ich tätschelte ihre Schulter und überlegte, ob ich meinen Geburtstag mit der ganzen Klasse feiern könnte.

»Trotzdem weiß ich nicht ...«, unterbrach Mama meine Gedanken. »Man hört und liest doch so viel. Von Wohnungen, die verwüstet werden, weil eine Party außer Kontrolle gerät ...«

»Also ich würde nur Luisa, Merle und Vivi einladen«, versicherte ich rasch.

»Du warst doch noch nie länger alleine. Du hörst deinen Wecker nicht ... Und was willst du überhaupt essen?«

»Also wirklich, Mama! Ich kann mir bestimmt selbst

eine Pizza in die Mikrowelle schieben! – Außerdem stelle ich im ganzen Zimmer Wecker auf, wenn dich das beruhigt.«

»Aber was machst du, wenn etwas passiert? Wenn der Strom ausfällt oder ein Wasserrohr bricht?«

»Dann gehe ich zu Elke.«

Elke wohnte im Reihenhaus direkt gegenüber. Sie war so etwas wie Mamas Freundin. Ständig tranken die beiden miteinander Kaffee, und wenn sie sich über ihren Mann ärgerte, hockte Elke stundenlang in unserer Küche, um sich auszuheulen.

»Das ist eine gute Idee, Schatz!« Plötzlich bester Laune, erhob meine Mutter sich. »Ich werde Elke bitten, ein Auge auf dich zu haben.«

Damit gingen meine Chancen auf eine Party wohl endgültig gegen null. »Vorher mache ich uns aber etwas zum Abendessen«, erklärte Mama. »Wie wär's mit einer Schüssel Salat? Mit Hähnchenbruststreifen?

»Prima Idee«, sagte ich. »Ich komme gleich runter. Muss hier nur noch schnell etwas erledigen.« Ich setzte mich wieder an den Computer, und sobald ich Mamas Schritte auf der Treppe hörte, schaltete ich zurück ins Chatprogramm.

Elternfreie Zone bei Anna vom 24. bis 28. April!, tippte ich. *Lasst euch was einfallen!!*

7

Am nächsten Tag beeilte ich mich, in die Schule zu kommen.

Ich wurde bereits erwartet.

»Das gibt 'ne Riesenparty!«, legte Luisa sofort los. »Was meinst du – wie viele Leute passen in euer Wohnzimmer?«

»Ich musste meiner Mutter versprechen, dass ich keine Partys feiere«, erklärte ich ein wenig kleinlaut.

»Muss ja nichts Großes sein«, schränkte Vivien bereitwillig ein. »Eine klitzekleine tut's doch auch. Du könntest Phil einladen und Tobi natürlich und Marcel …«

»Den Blödmann doch nicht«, schnaubte Merle. »Der bildet sich ein, er sei was Besonderes, bloß weil er die Neunte wiederholt.«

»Okay, dann eben Marcel nicht«, stimmte Vivien zu. »Aber Tobi. Ich finde, der sieht so süß aus, seit er diese Nickelbrille hat. Und Phil ist total witzig. Und Dennis vielleicht. Ich glaube nicht, dass der Blödsinn macht.«

Beim Gedanken an Dennis in unserem Wohnzimmer flatterte ganz kurz etwas in meinem Bauch, beruhigte sich aber rasch wieder. Dennis interessierte sich nur für Basketball und Fußball. Die Chance, dass er zur Geburtstagsparty eines Mädchens käme, war minimal und außerdem: »Sobald die ersten Jungs einlaufen, hängt Elke am Telefon und erzählt alles brühwarm meiner Mutter. Das geht nicht.«

Luisa funkelte mich an. »Was für Vorschläge wolltest du dann von uns hören für deine *elternfreie Zone*? Gemeinsames Nasebohren?«

»Quatsch«, mischte Merle sich ein. »Wir könnten mal wieder die ganze Nacht DVDs gucken. *Dirty Dancing* haben wir lange nicht mehr gesehen und …«

Jetzt wurde Luisas Blick mitleidig. »Wie alt bist du?«, fragte sie. »Zwölf? Anna jedenfalls wird fünfzehn. Das feiert man nicht mit *Dirty Dancing*.«

»Und was haltet ihr von einer Pyjama-Party?«, ließ Vivien sich vernehmen.

Luisas Schnauben sprach Bände.

»Pyjama-Party find ich gar nicht schlecht«, sagte ich, bevor die drei sich richtig in die Haare geraten konnten.

»Ich find die Idee auch gut. Und wisst ihr was?«, sagte Merle. »Bis dahin ist meine Mutter auch von der *Cosmoprof* zurück.«

»Oh ja!«

So sicher, wie meine Eltern nach Hannover fuhren,

reiste Merles Mutter jedes Jahr im April auf die weltgrößte Kosmetikmesse nach Bologna. Und so streng sie auch sonst war, brachte sie uns von dort doch jedes Mal Unmengen von Neuheiten und Mustern mit.

»Super!« Vivien strahlte. »Da können wir die ganze Nacht rumprobieren.«

Luisa rollte zwar mit den Augen, doch sagen konnte sie nichts mehr, denn Frau Schmidt-Huber kam und scheuchte uns ins Klassenzimmer.

8

»He, das gestern ist irgendwie Scheiße gelaufen.«

Ich sitze auf meinem Platz, den Kopf auf der Tischplatte, und warte darauf, dass der Unterricht beginnt. Ich will niemanden sehen, mit niemandem reden. Und jetzt versucht ausgerechnet Hülya, Konversation zu machen.

»Der Bergammer hatte nur gesagt, dass wir eine Neue kriegen. Du bist die, die letzten Sommer den Unfall hatte, oder?«

Ich überlege, ob ich tun soll, als hätte ich nichts gehört, aber dann sehe ich Hülya doch an. Sie mustert mich. Meine Kopfbandage. Diese enge Kappe, die Unterkiefer, Hals und Kopf umschließt und nur das Gesicht frei lässt.

»Wozu brauchst du das?«, fragt Hülya.

»Damit die Narben nicht wulstig werden«, sage ich.

»Die Farbe ist besch…eiden«, sagt Hülya.

Sie hat recht. Ich hasse dieses blasse, kränkliche Blau. Wenn ich schon so ein Teil tragen muss, hätte ich es in Weiß haben wollen. Oder in Schwarz. Aber meine Mutter war dagegen.

»Wenn ich das gewusst hätte«, sagt Hülya, »hätte ich meinen Mund gehalten.« Sie sieht mich herausfordernd an.

Wahrscheinlich sollte ich jetzt sagen: »Ist doch nicht so schlimm.« Oder: »Ihr konntet ja nichts dafür.«

Was ich sage, ist: »Vergiss es.«

Das könnte klingen wie »Ist schon in Ordnung«, aber es klingt wie »Verpiss dich«.

Hülya sieht mich an, als hätte ich sie geschlagen. Sie dreht sich wortlos um und geht an ihren Platz. Ich lasse meinen Kopf zurück auf die Tischplatte sinken. Das Klassenzimmer füllt sich. Pünktlich mit dem Läuten erscheint auch der Bergammer. Kaum steht er vor der Klasse, beginnt hinter meinem Rücken das Getuschel.

Noch vier Stunden und neunundfünfzig Minuten.

Dann habe ich das hier überstanden.

Für heute.

Aber vorher ist große Pause. Weil es nach wie vor kalt ist, darf ich im Schulhaus bleiben, muss nicht wie die anderen hinaus auf den Pausenhof. Das zumindest hat der Bergammer erlaubt. Deswegen sitze ich auf der Heizungsabdeckung vor unserem Klassenzimmer und versuche, die Zeit in die Länge zu ziehen. Diese kostbaren zwanzig Minuten allein, ohne Wispern und Zischeln in meinem Rücken.

»He.«

Ich bin nicht mehr allein. Die Jungenstimme, die gestern gleiches Recht für alle gefordert hat, spricht mich an. Heute klingt sie ganz sanft.

Ich sehe hoch. Erkenne den Typen. Kevin heißt er. War letztes Jahr in meiner Parallelklasse. Scheint also sitzen geblieben zu sein. Das passt zu dem Ruf, den er hatte. Was nicht dazu passt, ist diese sanfte Stimme. Was will er von mir? Warum ist er nicht draußen? Mein Puls wird schneller.

Kevins Blick ruht auf meinem Pullover. Auf meinem Brustkorb.

»Stimmt es«, fragt er, »dass deine Titten total verbrannt sind?«

Mein Kopf ist plötzlich ganz leicht. Ich schlucke verzweifelt.

»Ich kann mir gar nicht vorstellen, wie das ist«, sagt Kevin, immer noch mit dieser sanften Stimme. »Ein Mädchen ohne Titten. – Wenn man das nicht weiß, kann man's kaum glauben.«

Er streckt eine Hand nach mir aus und ich fange an zu schreien. Ich schreie und schreie, bis jemand den Gang entlanggerannt kommt und mir eine Ohrfeige gibt.

Im ersten Augenblick weiß ich nicht, wo ich bin, genieße nur die Wärme, die mich umfängt.

»Geht es wieder?«

Ich schlage die Augen auf. Meine Mutter sitzt an meinem Bett. Jetzt fällt mir alles wieder ein. Der Direktor selbst hat mich nach Hause gefahren.

»Ist alles in Ordnung?«

Was soll ich darauf antworten?

»Natürlich«, sage ich. »Alles ganz wunderbar.«

»Musst du so sarkastisch sein?«, seufzt meine Mutter.

Dazu gibt es nichts zu sagen. Ich rutsche tiefer unter die Decke. Ich will nicht denken. Mich nicht erinnern. Will mich auf keinen Fall erinnern an das, was heute in der Schule passiert ist. Doch meine Mutter hat andere Vorstellungen.

»Ich finde es normal«, sagt sie, »dass deine Klassenkameraden darüber reden wollen. Und für dich ist das doch auch gut. So kannst du ihnen alles erklären – vielleicht sogar zeigen …«

Ich setze mich auf und starre sie an.

»Ich soll ihnen meine *Titten* zeigen?«

Der Unterkiefer meiner Mutter klappt herunter.

»Der Typ hat mich gefragt, ob es stimmt, dass ich keine *Titten* mehr habe. – Hätte ich mich wirklich ausziehen und ihm zeigen sollen, was noch an mir dran ist?«

Ich spüre, wie es auf meinem Oberkörper zu kribbeln beginnt, wie das Kribbeln meine Kehle hinaufwandert, obwohl ich dort eigentlich gar nichts spüren dürfte.

»Das hat er …?« Der Hals meiner Mutter läuft ziegelrot an. »Ich dachte, er hätte gefragt, wie schwer deine Verbrennungen sind.«

Einen Moment lang empfinde ich fast so etwas wie Respekt für Kevin, der sich so geschickt herausgeredet hat. Doch dann vertreibt das grässliche Jucken alle anderen Gedanken und ich will mir nur noch die Haut vom Körper kratzen, damit es endlich, endlich aufhört.

9

Warum tun sie mir so weh? Warum tun sie mir immer und immer wieder so weh? Ich will um mich schlagen. Diese Hände wegstoßen, die über meinen Oberkörper wandern. Über meinen Bauch. Die hier drücken, da pressen. Die an mir ziehen und zerren, wieder und immer wieder, bis ich nur noch schreien will. Alles herausschreien. Meinen Schmerz. Meine Angst. Aber ich bin ja vernünftig. Ich schlage nicht. Ich schreie nicht. Ich bohre nur meine Fingernägel in die Handflächen.

»Tu das nicht«, sagt eine sanfte Stimme. »Du weißt, dass das nicht gut ist.«

Ich öffne die Fäuste und beiße die Zähne zusammen.

»Du hast es fast geschafft«, sagt die sanfte Stimme.

»Ich will das nicht mehr! Ich halte das nicht aus!«

Darauf geht sie nicht ein. Die Hände machen einfach weiter. Kneten, zerren, drücken. Gerade als ich an die Grenze komme, an diese Kante, an der mich nur noch ein Schritt vom Nichts trennt, lassen sie von mir ab und der Schmerz verebbt.

»Fertig für heute.«

Ich schlage die Augen auf. Frau Riedel lacht mich fröhlich an. Sie ist klein und zart. Niemand würde ihr zutrauen, dass sie einen Menschen bis an den Rand der Bewusstlosigkeit quälen kann.

»Das sieht alles schon sehr, sehr schön aus.«

Sie muss den Verstand verloren haben.

»Doch, wirklich.« Sie lacht schon wieder. »Du hast das, was meine Großmutter immer *gutes Heilfleisch* genannt hat.«

Gleich muss ich mich übergeben. Mitten in diesem schönen Behandlungsraum, auf diesem streifenfrei sauberen Fußboden.

»Ich weiß, das ist für dich schwer vorstellbar«, sagt Frau Riedel. »Aber wenn du gesehen hättest, was ich schon gesehen habe, wüsstest du, dass deine Narben sich wirklich wunderbar entwickeln. – Und dass transplantierte Haut so gut angenommen wird wie bei dir, ist auch nicht selbstverständlich.«

»Schon klar«, sage ich. »Alles ganz wunderbar.«

Ich kann nicht verhindern, dass mir Tränen übers Gesicht laufen.

Frau Riedel streichelt meine Wange. »Ich weiß«, sagt sie. »Diese Behandlungen sind schrecklich anstrengend. Aber es lohnt sich. Glaub mir. Es ist unheimlich wichtig, dass die Narben weich und elastisch bleiben. Auch für später. Für die Korrekturoperationen. Außerdem willst du doch irgendwann die Arme wieder über den Kopf heben können.«

»Wozu?«, frage ich.

Das ignoriert sie. Sagt nur: »Wir sehen uns also übermorgen wieder. Bleib liegen und ruh dich aus, bis deine Mutter dich abholt.«

Sie dreht die Walgesänge – oder was immer die ganze Zeit im Hintergrund gelaufen ist – ein wenig lauter und schließt sachte die Tür hinter sich.

Narbenmassage. Physiotherapie. Narbenmassage. Eincremen. Narbenmassage. Eincremen. Physiotherapie.

Sie bestimmen meine Tage. Sie bestimmen meine Nächte. Jede Woche. Jeden Monat. Diese verdammten Narben, die ständig gecremt, massiert und gepflegt werden wollen. Gepflegt werden müssen, damit aus dem Panzer, der meinen Bauch und meinen Oberkörper bedeckt, irgendwann wieder so etwas wie Haut wird.

In ein paar Monaten.

In ein paar Jahren?

Meine Mutter verspricht mir, dass alles gut wird. Dass die Korrekturoperationen wieder einen normalen Menschen aus mir machen werden.

Also massiere und creme ich nicht nur, ich trage

auch brav Kompressionskleidung. Die Jacke. Die Kopfbandage. Jeden Tag. Jede Nacht. Dreiundzwanzigeinhalb Stunden von vierundzwanzig.

Ich ertrage das Gefühl der Enge, der Atemnot, das sie mir verursachen. Alles in der Hoffnung, meine Mutter könnte recht haben und mein Schildkrötenpanzer sich eines Tages wie im Märchen wieder in menschliche Haut verwandeln.

Nur dafür ertrage ich die Blicke meiner Mutter, wenn sie mir hilft, die Kompressionskleidung anzulegen. Es gibt Tage, da bin ich schnell genug. Da habe ich mich nach dem Duschen bereits eingecremt und die Zwangsjacke angezogen, bevor sie kommt, um mir mit der Kopfbandage zu helfen. Aber für die Kopfbandage brauche ich sie. Die kann ich allein unmöglich anlegen. Ich komme nicht an den Reißverschluss im Nacken heran, weil meine Arme feststecken in diesem Panzer, der meine Haut sein soll.

Vielleicht stimmt es doch, was Frau Riedel sagt. Vielleicht lohnt es sich tatsächlich, ihre gnadenlosen Hände zu ertragen, um irgendwann die Arme wieder über den Kopf heben zu können. So würde ich endlich den Blicken meiner Mutter entkommen. Dieser Mischung aus Abscheu und Mitleid und etwas, für das ich keine Worte habe.

Immer öfter wünsche ich mir, dass es anders gekommen wäre. Dass der Gurt sich nicht hätte öffnen lassen. Dass sie mich nicht herausgeholt hätten. Dass es mich richtig erwischt hätte.

Am Anfang war das anders. Da war ich froh, überlebt zu haben. Ich dachte sogar, ich hätte so etwas wie einen Schutzengel gehabt. Da wusste ich aber auch nicht, was auf mich zukommen würde. Ich hatte keine Ahnung von Blicken, die rasch abgewandt werden, wusste nicht, wie Getuschel in den Ohren dröhnt. Ich dachte, ich wäre mit dem Leben davongekommen, nicht mit einem Terminplan.

Aufstehen. Eincremen. Frühstücken. Schule.

Mittagessen. Narbenmassage. Gymnastik.

Hausaufgaben. Abendessen. Eincremen. Schlafen.

Und so weiter. Und so weiter.

Tag für Tag.

Woche für Woche.

Wirklich. Ich wünsche mir, ich hätte es geschafft, sitzen zu bleiben.

10

Durch wirre Träume drang ein schriller Klingelton direkt in mein Hirn. Ich ließ eine Hand auf die *Sleep*-Taste des Weckers fallen und schlief weiter. Nicht lange allerdings, dann ratterte der Wecker am Fußende meines Bettes los. Kaum hatte ich mich herumgewälzt und ihn ausgeschaltet, klingelte das Telefon.

»Ja«, knurrte ich.

»Guten Morgen, Schatz! Alles, alles Gute zum Geburtstag!«

»Mama! Wo seid ihr?« Ich kuschelte mich zurück unter meine Decke.

»Kurz hinter Fulda. – Wie geht es dir? Hast du gut geschlafen?«

Ich gähnte. »Mh.«

»Bist du schon aufgestanden?«

»Nein. Bin gerade erst wach geworden.«

»Nicht wieder einschlafen, hörst du?«

»Mama! Ich bin jetzt fünfzehn! Ich bin kein Baby mehr!«

»Schon gut! Papa möchte auch noch mit dir sprechen. Hab einen wunderschönen Tag, ja?«

Es raschelte und rauschte, dann hatte ich die Stimme meines Vaters im Ohr: »Alles Gute zum Geburtstag, Anna.«

»Danke, Papa.«

»Du weißt, was ich dir alles wünsche, aber ich muss mich kurz fassen. – Autofahren und telefonieren ...«

»Schon klar. Fahr vorsichtig, ja?«

»Natürlich. Ich hab dich lieb, Anna. – Wir melden uns wieder.«

»Ich hab dich auch lieb, Papa. Viel Spaß auf der Messe.«

Ich legte das Telefon zurück auf den Nachttisch, gähnte ausgiebig und rekelte mich. Dann tappte ich barfuß die Treppe hinunter und ins Wohnzimmer.

Im ersten Moment dachte ich, meine Eltern wären gar nicht wirklich weggefahren, denn der Tisch im Esserker war wie jedes Jahr mit rot-weißem Herzchengeschirr gedeckt. Und wie jedes Jahr thronte in der Mitte des Tisches ein Tortenherz neben einem riesigen Tulpenstrauß. Nur die Kerzen auf der Torte brannten diesmal noch nicht. Also war ich wohl doch allein.

Rund um meinen Platz hatte Mama Glitzerherzchen verstreut und neben den Geburtstagspäckchen stand eine Flasche Sekt, auf die sie mit Goldstift *Für eure Pyjama-Party* gemalt hatte.

Ich setzte mich und öffnete den Umschlag, der an der Sektflasche lehnte. Aus einer roten Briefkarte wippte mir auf einer Spiralfeder ein Herz entgegen. *Gutschein für eine Super-Duper-Shopping-Tour* stand darauf. Genial! Super-Duper-Touren mit meiner Mutter machten fast so viel Spaß wie Einkaufen mit Merle, Luisa und Vivien. Und sie hatten den Vorteil, dass ich nicht auf den Preis gucken musste, weil Mamas einziges Auswahlkriterium war, dass die Sachen gut aussahen.

Ich pustete drei Kerzen aus, schnitt die Spitze der Torte ab und schenkte mir aus der Thermoskanne eine Tasse Kakao ein, dann öffnete ich das erste Päckchen.

Räucherstäbchen und ein Buchgutschein von Tante Maria. Dazu eine Karte mit einer Bulldogge, deren Stirn sich in tausend Falten kräuselte. *Schon wieder ein Jahr älter* stand darüber und ich musste lachen.

Papas Päckchen enthielt einen ganzen Stapel Romane meiner Lieblingsserie und als sei die Super-Duper-Shopping-Tour nicht genug, hatte Mama mir noch die beiden Doppel-CDs gekauft, für die mein Taschengeld nie reichte.

Auch ohne Eltern versprach es ein toller Geburtstag zu werden.

»Verbrenn mir bloß nicht die Finger!«, quietschte Vivien und Luisa zischte: »Wenn du so rumzappelst, muss ich dir die Finger verbrennen.«

Einen Moment lang war es vollkommen still vor der Tür, dann flog sie auf und Luisa, Vivien und Merle marschierten in einer feierlichen Prozession ins Klassenzimmer. Jede trug einen kleinen Teller mit einem Muffin und in jedem Muffin steckten fünf winzige brennende Kerzen. Die drei durchschritten einmal den ganzen Raum und bauten sich vor meinem Platz auf. Merle gab ein ziemlich sauberes *a* vor und dann stimmten sie im Kanon ein *Happy Birthday* an, von dem Frau Murrmann, unsere Unterstufen-Chorleiterin, entzückt gewesen wäre, wenn Vivien nicht wieder einen halben Ton danebengelegen hätte. Als sie fertig waren, johlte Dennis und Tobi pfiff auf den Fingern.

»Auspusten«, verlangte Luisa und stellte ihren Muffin ab.

»Und was wünschen«, ergänzte Vivien. Sie schielte aus den Augenwinkeln zu Tobi hinüber.

»Und dann alle drei aufessen«, sagte Merle und zwinkerte mir zu.

Ich fiel einer nach der anderen um den Hals und holte eben tief Luft, um die Kerzen auszublasen, da ertönte Herrn Maltz' tiefe Stimme: »Tut mir leid, dass ich stören muss, Herrschaften, aber wie ihr wisst, schreiben wir nächste Woche einen Test in Englisch. Also schnell an die Arbeit.« Er lächelte mich an. »Na ja. Vorher könnten wir schon noch gemeinsam *Happy Birthday* für Anna singen. – Aber einstimmig, wenn ich bitten darf.«

Ich hatte eine meiner neuen CDs auf volle Lautstärke gedreht und tanzte mit Merle durchs Haus, während wir Orangensaft, Cola und Gläser, Schaumküsse und Marshmallows, Salzstangen, Brezeln und Chips in mein Zimmer schleppten. In meinen Ohrläppchen steckten die tollsten Ohrringe, die ich je besessen hatte. Zarte silberne Schmetterlinge an feinen, unterschiedlich langen Silberkettchen. Jedes Mal, wenn ich am Garderobenspiegel vorbeikam, musste ich sie ansehen.

»Die sind so schön, Merle«, sagte ich bestimmt zum fünften Mal und Merle strahlte, strich sich die Haare hinter die Ohren und ließ ihre eigenen Schmetterlinge tanzen.

Wir zündeten ein paar von den Räucherstäbchen meiner Tante an, verkabelten die Playstation mit dem Fernseher und legten *Singstar* ein. Merle hatte trotz Luisas Protest *Dirty Dancing* mitgebracht und den dritten Teil von *Fluch der Karibik*. Damit es richtig gemütlich wurde, suchten wir im ganzen Haus Kissen zusammen und breiteten sie auf dem Fußboden aus.

»Fehlt noch was?«, fragte ich und sah mich um.

»Ich glaube nicht.«

In diesem Moment klingelte es auch schon an der Haustür und wir rasten die Treppe hinunter.

Vivien drückte mir einen Kuss auf die Wange und ihr Geschenk in die Hand. Luisa folgte ihrem Beispiel. Sie überreichte mir ein ziemlich schweres Päckchen.

»He, geile Ohrstecker«, sagte sie. »Sind die neu?«

»Mh. Hat Merle mir geschenkt.«

»Total süß!« Vivien tippte einen der Schmetterlinge an. »Wo hast du die gefunden, Merle? – Mensch, du hast ja dieselben. – Würde es euch was ausmachen, wenn ich mir die auch kaufe? – Hast du die Messemuster von deiner Mutter dabei?«

Merle grinste. »Auf dem Markt. Nein. Ja.«

»Was?« Auf Viviens Stirn marschierte eine ganze Truppe Fragezeichen auf.

»Ich hab die Ohrringe an einem Stand auf dem Hauptmarkt gefunden«, lachte Merle. »Nein, ich hätte nichts dagegen, wenn du dir auch solche kaufst, und ja – natürlich habe ich die Muster dabei. Sie stehen in Annas Zimmer.«

»Super!«, jubelte Vivien.

»Geht doch schon rauf«, sagte ich. »Ich hole nur noch den Sekt.«

Als ich zwei Minuten später nach oben kam, saß Vivien schon inmitten von Lidschatten, Mascaras und Lippenstiften auf dem Fußboden und testete gerade einen Eyeliner auf ihrem Handrücken.

»Kann eine von euch so ein Ding aufmachen?«, fragte ich und hielt ein wenig hilflos die Sektflasche in die Höhe.

»Klar! Gib her!« Luisa nahm mir die Flasche ab, dröselte die Alufolie auf und löste fachmännisch den Drahtverschluss. Mit einem leisen »Plopp« schoss der Korken aus der Flasche und Luisa füllte die Gläser, die ich ihr hinhielt, ohne einen Tropfen zu verschütten.

»Auf Anna!«

»Auf uns!«

Wir prosteten uns zu und tranken.

»Jetzt musst du aber erst mal die Geschenke auspacken«, verlangte Vivien und drückte mir zum zweiten Mal ihr Päckchen in die Hand. »Das ist von Luisa und mir.«

Vorsichtig zog ich das Geschenkband auf, löste die Klebestreifen, wickelte das Papier ab – und hielt einen Push-up-BH in den Händen.

»Damit du endlich auch ein bisschen Busen bekommst«, grinste Luisa.

»Dazu müsste aber erst mal eine Ausgangsbasis vorhanden sein«, lachte Merle und duckte sich unter meinem Schlag weg.

»Das hier«, ging Luisa dazwischen, »ist auch noch von Vivi und mir. Wir dachten uns, wenn wir schon ohne Jungs feiern müssen, wollen wir anders ein bisschen Spaß haben.«

Misstrauisch beäugte ich das schmale lange, ziemlich schwere Paket. Ich riss das Geschenkpapier auf und stieß auf einen neutralen weißen Karton.

»Keine Angst«, grinste Luisa. »Es beißt nicht.«

»Ehrlich?«

»Ganz ehrlich.« Sie hob eine Hand zum Schwur.

Vorsichtig machte ich den Deckel auf – und zog eine Flasche Wodka aus der Schachtel.

»Vivien«, sagte Luisa, »schenk doch schon mal vier Gläser O-Saft ein. Und dann probieren wir die Messeneuheiten aus!«

11

Ich wurde wach, weil es neben meinem Kopf nervtötend piepte. Mit geschlossenen Augen schlug ich auf den Wecker, doch das Piepen hörte nicht auf. Dafür fiel irgendetwas vom Nachttisch. Ich tastete auf dem Teppichboden herum, bis ich mein piependes, vibrierendes Handy fand. Mit einem Auge schielte ich aufs Display. *Papa* teilte es mir mit. Ich stöhnte. In meinem Kopf schienen sich Zwerge mit Presslufthämmern einen Weg durch die Schädeldecke arbeiten zu wollen.

Das Handy piepte weiter.

»Kann da vielleicht mal jemand drangehen?«, ertönte Luisas ungnädige Stimme von irgendwoher.

Ich musste ein paar Mal drücken, bis ich den richtigen Knopf fand und das Piepen aufhörte. Dafür hatte ich jetzt Papas Stimme im Ohr: »Na, Langschläferin, hab ich dich geweckt?«

So viel Fröhlichkeit am frühen Morgen hielt doch kein Mensch aus! Ich ächzte.

»Du klingst wie deine Mutter«, sagte Papa, gar nicht

mehr fröhlich. »Die hat gestern zu viel Champagner erwischt. Und was stimmt mit dir nicht?«

Schlagartig war ich hellwach. Jetzt nur nichts Falsches sagen! Wenn mein Vater das Gefühl bekam, hier wäre irgendetwas nicht in Ordnung, stünde er wahrscheinlich schon nachmittags vor der Tür.

»Alles okay, Paps«, sagte ich. »Ich muss nur den Wecker überhört haben. Ich stehe sofort auf.«

»Du und der Wecker«, lachte mein Vater. »Habt ihr Mädchen eine nette Party gehabt?«

Soweit ich mich erinnern konnte, ja. Allerdings hatte ich das vage Gefühl, dass mir ein Stück vom Abend fehlte.

»Merles Mutter hat jede Menge Muster aus Bologna mitgebracht«, sagte ich. »Die haben wir ausprobiert. Und *Singstar* haben wir gespielt …« Und noch irgendetwas, an das ich mich beim besten Willen nicht erinnern konnte.

»Sind deine Freundinnen noch da?«

Woher sollte ich das wissen? Ich war schließlich immer noch nicht richtig wach. Und mein Kopf dröhnte, als würden die Zwerge jetzt in Nagelschuhen hinter meiner Stirn Schuhplattler tanzen.

»Klar, Paps.«

»Dann steht jetzt mal auf und frühstückt. Sonst kommt ihr noch zu spät zur Schule.«

»Machen wir, Paps. Gib Mama einen Kuss von mir, ja?«

»Natürlich. Vorausgesetzt, ich krieg sie wach. Tschüs, meine Kleine.«

Ich ließ das Handy zurück auf den Boden fallen und schlief sofort wieder ein.

»He, wisst ihr, wie spät es ist?«

Die Zwerge in meinem Kopf waren schneller wach als ich und begannen erneut ihren grausigen Nagelschuhtanz. Jemand packte mich an der Schulter und schüttelte mich.

»Es ist nach neun! Wir haben total verschlafen!«

Ich stöhnte und versuchte, die Hand abzuschütteln.

»Wenn ihr nicht aufsteht, gehe ich eben alleine!«

Jetzt schlug ich doch die Augen auf und sah gerade noch, wie Merle aus dem Zimmer rauschte. Mein Blick fiel auf den Wecker.

9:11 Uhr. Mist!

Ich sprang aus dem Bett. Ohne auf die randalierenden Zwerge zu achten, stolperte ich hinüber zur Couch. Dunkel erinnerte ich mich daran, dass wir sie gestern Abend zu einem Doppelbett umbauen wollten. Irgendetwas mussten wir falsch gemacht haben, denn das Ergebnis wirkte eigenartig schief. Außerdem roch es in dieser Ecke des Zimmers gar nicht gut.

Luisa lag mit dem Kopf bei Viviens Füßen und schlief wie ein Baby, während Vivi mit dem Gesicht im Kissen leise vor sich hin röchelte.

»Aufwachen! Wir haben verschlafen!« Ich zog den beiden die Decken weg.

Luisa zerrte mir ihre sofort wieder aus den Händen. »Wenn wir sowieso zu spät dran sind, können wir auch weiterschlafen«, knurrte sie.

Unten fiel die Haustür ins Schloss.

»He Vivi, aufstehen!«, rief ich.

Vivien ächzte und drehte sich auf den Rücken.

»Ihhh! Was hast du denn gemacht?« Angewidert wich ich einen Schritt zurück. Viviens Gesicht war verklebt mit etwas, das aussah wie Marshmallowbrei.

Luisa wälzte sich herum und schlug die Augen auf. Als sie Vivien sah, fing sie an zu lachen. »Ich hab dir gesagt, nimm mehr Orangensaft als Wodka! – Igitt! Hier stinkt's. Ich schlaf in deinem Bett weiter, Anna.« Sie stand auf, tappte durchs Zimmer und schlüpfte unter meine Bettdecke.

»Was'n los?«, nuschelte Vivien. Mit beiden Händen strich sie sich die Haare aus dem Gesicht, stutzte und schnupperte an ihren Fingern. »Bäh!« Wie der Blitz sprang sie auf und verschwand in meinem Bad.

Ich wankte die Treppe hinunter ins Badezimmer meiner Eltern, immer darauf bedacht, die Zwerge hinter meiner Stirn nicht unnötig zu reizen. Mir war ein wenig schwindlig und ich stützte mich aufs Waschbecken. Dabei fiel mein Blick in den Kosmetikspiegel meiner Mutter. Ich fuhr entsetzt zurück. Mitten auf meinem Kinn prangte ein Pickel von der Größe eines Fünf-Cent-Stücks und darüber, im linken Mundwinkel, saß noch so ein fieses Ding. Ich stieß einen Schrei aus, doch dann begriff ich, dass ich in den Vergrößerungsspiegel geguckt hatte. Ich schaute hoch in den Wandspiegel und was ich dort sah, verschlug mir den Atem.

»Um Himmels willen, Anna, was ist denn mit dir passiert?« Der Blick meiner Mutter sprach Bände. Nie wieder würde sie mich allein zu Hause lassen. Und das, obwohl wir nicht einmal einen Verweis wegen kollektiven Zuspätkommens kassiert hatten. Frau Schmidt-Huber war krank gewesen und niemand hatte unser Fehlen in den ersten beiden Stunden bemerkt.

Nachmittags hatten Luisa und Merle aufgeräumt, während Vivi und ich versuchten, die Kotzflecken aus dem Couchbezug zu entfernen. Das war uns nicht besonders gut gelungen, doch das wusste meine Mutter ja noch nicht. Ihr reichte offenbar, was sie vor sich sah.

»Erwin! – Sag doch was!«, verlangte sie.

Mein Vater, der gerade die Koffer aus dem Auto ins Haus schleppte, zwinkerte mir zu. »Ich find's pfiffig«, sagte er.

»Erwin!« Meine Mutter stöhnte. »Wie soll sie denn so unter die Leute gehen?« Sie griff in meine Haare. »Warum um alles in der Welt grün? Und warum nur eine Seite?«

Das konnte ich ihr nicht sagen. Aber immerhin wusste ich, wie es zu dem Grün gekommen war.

»Merles Mutter hat von der *Cosmoprof* ganz tolle neue Haarfarben mitgebracht«, erklärte ich. »Und da haben wir uns überlegt, dass wir alle uns eine rote Strähne färben. Als Erkennungszeichen sozusagen. Aber Luisa meinte, dass Rot auf Schwarz nicht funktionieren würde, und dass man dunkle Haare erst einmal blondieren müsste. Und dann …«

Meine Mutter sank auf die unterste Treppenstufe und vergrub den Kopf in den Händen. »Was machen wir jetzt bloß?«, jammerte sie.

»Petra, bitte!« Mein Vater stellte den letzten Koffer im Flur ab. »Nun tu doch nicht so, als ob Anna fürs Leben entstellt wäre! Wenn du ihren Anblick nicht ertragen kannst, geh mit ihr zum Friseur. Vielleicht kann der ja aus Grün wieder Schwarz machen.«

12

Heute bin ich ihnen in die Arme gelaufen. Seit mir das am ersten Tag fast passiert wäre, habe ich aufgepasst, habe darauf geachtet, früh in der Schule zu sein. Viel früher als sie. Heute hatte ich verschlafen.

Ich bemerkte sie erst, als es zu spät war. Als wir uns mitten in der Aula gegenüberstanden. Auge in Auge. Wie in einem alten Western.

Sie starrten mich an.

Ich starrte sie an.

Ich wollte an ihnen vorbei, doch ihre Blicke hielten mich fest. Sie wanderten über mein Gesicht. Zu den Rändern meiner Maske. Es war, als würden sie jeden Moment das Gewebe durchdringen, mir Löcher in die Haut brennen.

Ich glaubte zu spüren, wie Hitze über meinen Hals in mein Gesicht stieg. Dass mir der Schweiß aus allen verbliebenen Poren brach, spürte ich wirklich. Fühlte, wie er sich in meiner Zwangsjacke sammelte, nicht abfließen konnte.

Plötzlich lag ich wieder in meinem Krankenhausbett. Hatte die Augen geschlossen, war benommen von Schmerz- und Beruhigungsmitteln. Ich hörte, wie die Tür sich öffnete, hörte Schritte und jemanden, der keuchend einatmete. Dann eine Stimme: »Ist das nicht schrecklich? – So auszusehen?«

Darauf eine zweite Stimme, etwas von oben herab: »Wenn ich so aussähe, ich würde mich umbringen.«

Ich hatte die Augen geöffnet und die beiden angesehen und sie hatten sich auf dem Absatz umgedreht und fluchtartig das Zimmer verlassen.

Seitdem waren wir uns nicht mehr begegnet.

Bis jetzt.

Der Gong zur ersten Stunde ertönte, erlöste mich aus meiner Erstarrung. Ich machte einen Schritt. Und noch einen.

Vorbei an den beiden. Weiter. Immer weiter.

Bis in die trügerische Sicherheit des Klassenzimmers.

Kopf hoch. Rücken gerade. Wie lange kann man das durchhalten? Wie lange hält ein Schutzschild unter Dauerfeuer? Meiner jedenfalls ist von Tag zu Tag dünner geworden. Er hat Risse bekommen. Haarfeine erst. Dann immer tiefere. Nicht mehr lange und er wäre zu Asche zerfallen.

Gerade noch rechtzeitig haben die Osterferien angefangen. Aber werden zwei Wochen reichen? Werde ich danach wieder den Rücken durchdrücken können? Den Kopf hoch tragen?

Ich weiß es nicht.

Ich funktioniere wie ein Roboter.

Von Tag zu Tag.

Einen nach dem anderen hake ich ab.

Vierundzwanzig Stunden. Eintausendvierhundertvierzig Minuten.

Aufstehen. Eincremen. Zeit totschlagen.

Mittagessen. Gymnastik. Narbenmassage.

Zeit totschlagen. Abendessen.

Eincremen. Haken im Kalender. Schlafen.

Und der nächste.

In ihrer Langeweile sind diese zweihundertvierzig Stunden Ferien, die noch vor mir liegen, fast so unerträglich wie die Hölle in der Schule.

Das soll ein Leben sein? Es ist eine Farce!

Daran ändert auch meine Mutter nichts, mit ihren frischen Blumen im ganzen Haus, mit ihren Zweigen aus dem Garten und den selbst bemalten Ostereiern. Unser Familienidyll ist eine einzige große Lüge. Ist trotz Häschenporzellan und duftendem Osterbrot, trotz selbst gerührter Marmelade und Sonnenkringeln auf bestickter Tischdecke nichts als Theater.

Aber ich spiele mit.

Weil ich mir insgeheim mehr als alles andere wünsche, dass wir wirklich eine ganz normale Familie sind. Dass unsere heile Welt mehr ist als eine Fassade, die man mit einem Finger umstoßen könnte. Weil ich will, dass es stimmt, was meine Mutter mir immer und immer wieder versichert:

Dass alles gut wird.

Vielleicht schaffe ich es tatsächlich?

Nicht, dass ich eine Wahl hätte. Mein Vater hat meiner Mutter regelrecht verboten, mich weiterhin zur Schule zu fahren. Schließlich sei es Frühling, die Temperaturen angenehm, Bewegung gesund. Und, nicht zu vergessen, auch das sei ein Schritt zurück zur Normalität.

Also bin ich eine halbe Stunde früher aufgestanden und gehe zu Fuß zur Schule, lange bevor sich die Massen auf den Weg machen. Ich atme die milde Frühlingsluft ein, spüre den Wind auf meinen Wangen. In den Gärten rechts und links der Straße blühen Tulpen und Osterglocken und die Birken bekommen zarte grüne Blättchen. Es ist so schön, dass ich meinem Vater fast verzeihen könnte, dass er mich zu diesem Schritt gezwungen hat.

Doch dann schießen zwei Knirpse mit riesigen Schulranzen auf dem Rücken aus einer Seitenstraße. Als sie mich sehen, bremsen sie so abrupt, dass ihre Schuhsohlen eigentlich Spuren auf dem Pflaster hinterlassen müssten.

»Ui, guck mal«, ruft der Kleinere. »Ein Alien!«

Ich drehe mich um und stolpere zurück nach Hause.

Im Badezimmer meiner Eltern rauscht Wasser. Meine Mutter hört nicht, wie ich mich in meinem Zimmer einschließe.

Ich lege mich ins Bett. Ich werde nicht mehr aufstehen. Heute nicht. Und morgen auch nicht.

Nie mehr!

13

Vom Frühlingsanfang ging es direkt in den Hochsommer. Schon in den ersten Maitagen waren wir fast täglich im Freibad.

»Kommen die Jungs heute eigentlich nicht?« Luisa drehte sich auf den Rücken, stützte sich auf die Ellbogen und sah zum Eingang hinüber.

»Wie kommst du darauf?«, murmelte ich schläfrig. »Die waren doch jeden Tag da.«

»Aber es ist schon fast vier!«

Vivien, die hingebungsvoll ihre Fingernägel gefeilt hatte, sah kurz auf. »Luisa ist verkna-a-llt«, trällerte sie.

»Quatsch! Ich warte bloß darauf, dass Marcel mit dem Volleyball auftaucht.«

»Volleyball. Schon klar.« Merle lächelte vielsagend.

Diese plötzliche Volleyballleidenschaft war besonders amüsant, weil Luisa sich normalerweise auf Weltklasseniveau vor dem Schulsport drückte. Als wir jetzt lachten, schien ihre rote Strähne wütend zu knistern. Sie war die Einzige, die damit herumlief, denn Viviens Strähne ging in ihrer roten Lockenpracht ziemlich unter und zählte damit nicht wirklich. Merle hatte dankend auf die Färbeaktion verzichtet, als sie sah, wie meine Haare grün wurden, und ich selbst war wieder schwarzhaarig, seit meine Mutter mich zum Friseur geschleppt hatte.

»Auf jeden Fall ist Marcel cooler als dein Fan«, gab Luisa jetzt schnippisch zurück.

»Wen meinst du?«, fragte Merle verblüfft.

»Na, den Typen da drüben, der dich ständig anglotzt.« Mit dem Kinn deutete Luisa zum Schwimmerbecken hinüber, wo sich ein blasser Junge mit dunklen Haaren und dunkler Brille bäuchlings auf den Steinplatten ausgestreckt hatte. Tatsächlich sah er zu uns herüber.

»Ui, das ist ja ein echtes Prachtstück«, kicherte Vivien. »Ich wusste gar nicht, dass es solche Badehosen noch gibt.«

»Die hat er sicher von seinem Opa geerbt!«, mutmaßte Luisa so laut, dass der Junge rot wurde und aufsprang, sein Badelaken zusammenrollte und sich hastig einen anderen Platz suchte.

Zufrieden nahm Luisa Vivien die Nagelfeile ab und machte sich über ihre eigenen Fingernägel her.

»He ...!«, protestierte Vivi kurz, doch dann kramte sie die neueste *Girl* aus ihrer Badetasche, streckte sich bäuchlings aus und fing an zu lesen.

Merle vertiefte sich in ihr Geschichtsbuch und ich machte die Augen zu und ließ mir die Sonne auf den Bauch scheinen.

Plötzlich ertönte im Eingangsbereich Johlen und Geschrei. Luisa schoss in die Höhe, setzte sich kerzengerade hin und schob ihren Busen im Bikinioberteil zurecht. Mit einer Hand über den Augen scannte sie die Gruppe Jungs, die gerade spritzend und schubsend das Wasserbecken bei den Duschen durchquerte.

»Nicht da! – Da drüben!« Merle lenkte Luisas Blick zwanzig Meter weiter nach links, wo Marcel sich angeregt mit ein paar Zehntklässlerinnen unterhielt. Luisas Schultern sackten kaum merklich herab.

»Ist hier noch frei?« Tobi, Dennis und Phil standen grinsend vor uns.

»Blöde Frage«, lachte Vivien und rutschte näher zu mir, sodass Dennis und Phil sich neben sie fallen lassen konnten. Tobi nahm erst einmal seine Brille ab und verstaute sie in einem Hartschalenetui, dann schälte er sich aus Jeans und T-Shirt.

»Wo wart ihr eigentlich so lange?« Mühsam riss Vivien ihren Blick von seinem mageren Oberkörper los.

»Frag bloß nicht«, stöhnte Phil. »Im Supermarkt saß so eine militante Jugendschützerin an der Kasse, die unbedingt unsere Ausweise sehen wollte. Die hat uns allen Ernstes unser Bier wieder zurücktragen lassen.«

»Und dann mussten wir ewig auf Marcel warten«, ergänzte Tobi. »Nur weil der mal wieder nicht mit seinem Styling fertig geworden ist.«

»Ihr könnt euch freuen, dass ich überhaupt gekommen

bin.« Marcel sah tatsächlich aus, als hätte er nicht ins Schwimmbad, sondern in die Disco gehen wollen. Luisa bekam rote Wangen, als er sich neben sie setzte, und sagte: »Gib mal gleich 'ne Runde her, Dennis.«

Dennis öffnete seinen Rucksack und warf jedem von uns eine Dose Bier zu.

»Das ist ja warm!« Merle gab ihre Dose an mich weiter.

»He! Auch noch Ansprüche stellen!« Marcel zog gekonnt eine Augenbraue in die Höhe, doch Merle quittierte das nur mit einem eisigen Blick aus ihren hellblauen Augen.

Ich riss den Verschluss der Dose auf und sofort ergoss sich ein Schwall Bier über meine Finger. Phil und Dennis klatschten Beifall und prosteten mir zu. Das Bier war wirklich warm und schmeckte eklig, doch ich wollte mich nicht noch einmal blamieren und trank die Dose in einem Zug leer.

»Willst du noch eins?« Marcels Hand verschwand in Dennis' Rucksack, doch bevor ich Nein sagen konnte, sprang Luisa auf.

»Lasst uns erst mal 'ne Runde Volleyball spielen«, schlug sie vor. »In einer halben Stunde liegt der Platz im Schatten.«

»Auch gut!« Marcel trank aus, warf seine Dose Richtung Abfalleimer und verfehlte. Die anderen versuchten ebenfalls ihr Glück, doch nur Phil landete einen Treffer.

Während Luisa Marcel zum Sandplatz zog, sammelte Merle die leeren Dosen ein und entsorgte sie.

Als die Sonne hinter den Bäumen verschwand, wurde es rasch kühl und wir machten uns auf den Heimweg. Phil und Dennis zogen auf ihren Rädern große Kreise, doch Tobi auf seinem BMX hielt sich dicht bei Vivien. Er balancierte auf dem Vorderrad, hielt das Hinterrad so hoch in der Luft, dass ich dachte, er müsste jeden Moment aufs Gesicht fallen, und probierte einen Bunnyhop nach dem anderen.

»Kommt ihr am Samstag eigentlich auch zur Kirchweih?« Marcel hatte einen Arm um Luisas Schultern gelegt.

»Na klar. Meinst du, wir lassen uns die erste Kirchweih des Jahres entgehen?«, antwortete sie betont lässig, konnte aber nicht verhindern, dass sie schon wieder rot wurde.

»Ich glaube nicht, dass meine Mutter mich lässt«, sagte Merle. »Sie liest mir in letzter Zeit ständig irgendwelche Artikel über Jugendliche und Alkohol vor. Heute morgen stand erst wieder in der Zeitung, dass bei Kirchweihen so viel getrunken wird.«

Phil grinste. »Was soll man auf einer Kirchweih denn sonst machen? Karussell fahren?«

»Toll! Wenn ich ihr das sage, lässt sie mich sicher gehen«, fauchte Merle.

»Du musst aber mitkommen«, sagte ich. »Ich frag mal meine Mutter, ob sie nicht mit deiner reden kann.«

»Versuchen kannst du's ja.« Merle klang wenig hoffnungsvoll.

14

Entsetzt starrte ich mein Spiegelbild an. Nicht genug, dass meine Haare seit meinem Geburtstag aussahen wie Stroh, nun war auch noch über Nacht mitten auf meiner Stirn ein riesiges rotes Monster erblüht. So konnte ich unmöglich aus dem Haus gehen. Mit zitternden Fingern wählte ich Merles Nummer. »Ich kann heute Abend nicht weg!«, schluchzte ich.

Verblüfftes Schweigen am anderen Ende der Leitung.

»Hast du mich verstanden?«

»Klar. Aber wieso nicht? – Wenn sogar ich gehen darf?«

»Ich sehe aus wie ein Zyklop!«

»Wie was?«

»Ich hab 'nen Monsterpickel mitten auf der Stirn!«

»Ich komme nachher zu dir rüber«, versprach Merle. »Meine Mutter hat so einen Wunder-Abdeckstift. Der lässt jeden Pickel verschwinden.«

»Willst du etwa so gehen?« Mein Vater, der auf der Terrasse Tomatenpflänzchen in Terrakotta-Töpfe setzte, sah auf und musterte mich halb belustigt, halb entsetzt.

»Man sieht ihn doch noch«, jammerte ich. »Merle! Du hast gesagt, man sieht ihn nicht mehr!«

»Tut man auch nicht«, versicherte sie erneut.

»Natürlich sieht man ihn«, widersprach mein Vater. »Ehrlich gesagt wusste ich gar nicht, dass du so viel hast, Anna.«

»Erwin, was redest du denn da?« Meine Mutter, die es sich auf ihrer Sonnenliege bequem gemacht hatte, sah Papa strafend an. »So kleiden sich Mädchen heutzutage nun mal.«

»Daran werde ich mich nie gewöhnen«, seufzte mein Vater. »Habt ihr denn keine Angst, euch in diesem Aufzug zu erkälten?«

»Papa!« Endlich begriff ich, dass mein Vater von dem neuen Top sprach, das ich dank meines Push-up-BHs fast ausfüllte.

»In dem Alter erkältet man sich nicht«, stellte meine Mutter fest. »Da ist das Blut noch heiß genug.«

Ich konnte richtig sehen, wie es hinter der Stirn meines Vaters arbeitete. *Tochter viel zu sexy gekleidet. – Jungs. – Alkohol. – GEFAHR.* »Soll ich euch wirklich nicht abholen?«, vergewisserte er sich zum ungefähr fünfzigsten Mal.

»Mensch, Papa! Wir sind zu viert! Und außerdem hat Merles Mutter darauf bestanden, dass wir mit der S-Bahn um halb elf nach Hause fahren. Da geht außer uns noch kein Mensch. Was soll also passieren?«

Mein Vater murmelte etwas Unverständliches vor sich hin.

»Lass es gut sein, Erwin«, sagte meine Mutter und wedelte mit der Hand, als wolle sie uns verscheuchen, bevor Papa es sich anders überlegte.

Ich warf ihr eine Kusshand zu, dann hakte ich mich bei Merle ein und wir machten, dass wir wegkamen.

15

Es klingelt.

Ich halte die Luft an.

Meine Eltern sind nicht da.

Ich mache nicht auf.

Es läutet wieder. Sehr energisch.

Nein, ich mache nicht auf!

Der Finger scheint auf der Klingel zu kleben. Wer immer dort unten steht, muss schwachsinnig sein, sonst würde er merken, dass niemand zu Hause ist.

Das Klingeln hört auf. Ich kann wieder atmen.

Doch dann fängt das Telefon an zu läuten und gleichzeitig klingelt es erneut an der Tür.

LASST MICH DOCH IN RUHE!

Ich versuche ruhig zu atmen.

Ein. Und aus. Ein. Und aus.

Es funktioniert nicht. Mein Herz rast.

Das Telefon verstummt. Dafür schlägt jetzt, wer immer da unten steht, mit der Faust gegen die Haustür.

»Nun komm schon! Mach auf! Ich weiß, dass du da bist!«

Eine laute Stimme. Mühelos dringt sie herauf bis zu meinem offenen Dachfenster.

»Wie lange willst du mich noch hier stehen lassen?«, ruft sie.

Zögernd mache ich einen Schritt zur Tür. Und noch einen. Hinaus auf den Treppenabsatz. Und dann greife ich nach dem Handlauf des Geländers und rase die Stufen hinunter, denke nicht daran, dass ich nur Strümpfe an den Füßen habe. Ich reiße die Haustür auf und da steht sie. In voller Lebensgröße steht sie vor mir und ich falle ihr um den Hals.

»Mia!« Ich lache und weine gleichzeitig.

Sie umarmt mich und ich will diese Umarmung für die nächsten hundert Jahre nicht verlassen.

»Was machst du denn hier?«, schluchze ich.

»Ich will deinen Geburtstag feiern, was sonst? Haben deine Eltern dir nicht gesagt, dass ich komme?«

Ich schüttle den Kopf an ihrer Schulter. Mia duftet genauso, wie ich es in Erinnerung habe. Nach Meer und Wiesen und Wind.

»Dann wollten sie dich wohl überraschen«, sagt sie und schiebt mich auf Armeslänge von sich. »Lass dich anschauen, Mädchen.«

Einen verzweifelten Augenblick lang hoffe ich, dass es bei ihr anders sein wird. Weil sie anders ist.

Doch wie alle anderen Gesichter verändert auch Mias seinen Ausdruck von einer Sekunde zur nächsten.

»Meine Güte, Kind«, sagt sie, »wie siehst du denn aus?«

»Wie konntest du so etwas tun, Petra?«

Kurz nach Mia sind meine Eltern nach Hause gekommen. Mein Vater ist gereizt, weil meine Mutter den Anrufbeantworter nicht abgehört hat. So wussten sie nichts von Mias geänderten Plänen und sind zum Bahnhof gefahren, statt sie am Flughafen abzuholen. Jetzt sitzen wir im Wohnzimmer und meine Mutter hat eine Falte über der Nase, die sie sich normalerweise nie gestatten würde.

»Wie konnte ich was tun?«, fragt sie und die Nasenfalte wird noch schärfer.

»Na, das Mädchen in diese – Kopfschleuder – stecken.«

»Das«, sagt meine Mutter betont ruhig, »ist keine Idee von mir, sondern eine medizinische Notwendigkeit.«

»Aber doch wohl nicht in dieser Farbe!«, sagt Mia.

»Über Farben«, sagt mein Vater, »machen wir uns im Moment wirklich am allerwenigsten Sorgen.«

»Ihr vielleicht«, sagt meine Tante und bemüht sich, ruhig zu bleiben. »Aber habt ihr euch mal überlegt, wie die Kleine sich fühlen muss? Ein solches Blau für einen Wintertyp – das ist doch unmöglich!«

Meine Mundwinkel machen sich selbstständig. Ich kann nicht anders. Ich muss grinsen. Mein Hals und der untere Teil meines Gesichts, mein Brustkorb und Bauch sehen aus wie durch den Fleischwolf gedreht und Mia macht sich Gedanken über meinen Farbtyp!

»Dieses – Ding«, sagt sie jetzt, »hätte es doch sicher auch in anderen Farben gegeben!«

»In Weiß und Schwarz«, sage ich.

»Siehst du, Petra!«, triumphiert Mia.

»Weiß schmutzt viel zu leicht und Schwarz ist so düster!«

»Das Mädchen hat schwarze Haare! – Wie soll Schwarz da zu düster sein?«

Meine Mutter starrt Mia wütend an, während der Blick meines Vaters nachdenklich zwischen meiner Tante und mir hin- und herwandert.

Wir haben das Sofa in meinem Zimmer zum Bett umgebaut und dann ist Mia für eine Ewigkeit im Bad verschwunden. Jetzt taucht sie in einem pinkfarbenen Nicky-Pyjama wieder auf.

»Sag nichts«, warnt sie mich. »Ich weiß, dass ich aussehe wie ein Riesenferkel.«

Ich grinse und greife nach meinem eigenen Schlafanzug.

»Wie wäre es nach dem Duschen mit einer Rosenöl-Massage?«

Das fehlt mir gerade noch. Ich bin froh, die Narbenmassage gestern überlebt zu haben. Jetzt ist Wochenende. Wochenenden sind massagefreie Zeiten!

»Kannst du mir …?«, frage ich statt einer Antwort und drehe Mia den Rücken zu.

Sie versteht sofort, öffnet vorsichtig den Reißverschluss der Kopfbandage, ohne auch nur ein einziges Härchen einzuklemmen.

»Kann ich dir sonst noch irgendwie helfen?«

Ich schüttele den Kopf und will im Bad verschwinden.

»Den brauchst du nicht«, sagt Mia und nimmt mir den Pyjama ab. »Wickel dich einfach in ein Badelaken.«

Ihre Stimme duldet keinen Widerspruch.

Ich trödele. Hoffe, dass Mia einschläft, wenn ich mir nur lange genug Zeit lasse, doch als ich wieder in mein Zimmer komme, sitzt sie im Schneidersitz auf dem Schlafsofa und liest. Sie blickt hoch und deutet einladend auf mein Bett, lacht, als sie meinen Gesichtsausdruck sieht. »Guck mich nicht an, als ob ich dich fressen wollte!« Sie greift nach einem Glasfläschchen, schraubt es auf und hält es mir unter die Nase. Der Duft ist so intensiv wie an einem warmen Sommertag in Mias Rosenpavillon.

»Ist das nicht herrlich?«, fragt sie. »Also leg dich hin und lass dich verwöhnen.«

Zögernd strecke ich mich auf dem Bauch aus. Ich schließe die Augen, höre, wie Mia einen Schemel neben mein Bett rückt und sich setzt. Ich spüre ihre warmen Hände auf meinem Rücken, fühle sie leicht, dann etwas fester über meine Schultern streichen.

»Meine Güte, bist du verspannt«, sagt sie leise und fängt an, mit geübten Fingern Muskel für Muskel sanft zu lockern. Nach und nach wird mein Körper schwer.

»So ist es gut«, sagt Mia. »Lass einfach los.«

Ihre Hände kneten und klopfen, wandern von meinem Rücken über die Schultern zu den Armen. Ich fühle mich wie Hefeteig. Dick und weich. So, als würde ich jeden Augenblick über die Ränder meiner Matratze fließen.

»Wie wär's mit einer kleinen Kopfmassage zum Abschluss?«, dringt Mias Stimme von weit her in mein Bewusstsein.

Ich kann nur wohlig seufzen.

»Dann dreh dich mal um«, sagt sie und setzt sich ans Kopfende meines Bettes. Mit rosenölduftenden Fingern massiert sie mir Stirn und Schläfen, streicht sanft über meine Kiefermuskeln.

»Arme Kleine«, murmelt sie. »Du beißt ständig die Zähne zusammen, oder?«

Sie legt ihre Hände um meinen Hinterkopf, sodass er wie in einer Schale ruht.

»Lass los«, sagt sie leise. »Einfach loslassen …«

Tatsächlich wird mein Kopf so schwer, dass ich ihn kaum noch halten kann.

»Genau so«, murmelt Mia.

Sie bewegt meinen Kopf kaum merklich hin und her und meine Nackenmuskeln verwandeln sich langsam aber sicher in Kaugummi. Erst als meine Schläfen feucht werden, merke ich, dass ich weine.

16

»Jetzt hör endlich auf, so herumzuzappeln!« Genervt stupste Merle Vivien an, doch die kümmerte sich nicht darum und trippelte weiter von einem Fuß auf den anderen.

»Wir können doch nicht ohne Luisa fahren«, jammerte sie.

»Ihr könnt machen, was ihr wollt. Ich habe jedenfalls keine Lust, mir vierzig Minuten die Beine in den Bauch zu stehen, nur weil Luisa wieder mal nicht fertig geworden ist«, sagte Merle. »Schließlich muss ich um halb elf nach Hause.«

»Die S-Bahn!« Vivien stieß einen spitzen Schrei aus und im gleichen Moment hallten Schritte durch die Unterführung. Luisas Stachelkopf tauchte an der Treppe auf.

»Beeil dich!«, kreischten wir im Chor.

Die S-Bahn kam mit quietschenden Bremsen zum Stehen, gerade als Luisa die Schräge zum Bahnsteig hochkeuchte. Ich postierte mich in der offenen Waggontür, bis sie hereingestolpert war, dann ließen wir uns zu den anderen auf einen Vierersitz fallen.

»Wo warst du?«, fragte Vivien. »Ich wollte dich abholen, aber es hat keiner aufgemacht.«

»Ich hab uns noch was zu trinken besorgt«, erklärte Luisa und schwenkte eine Riesenflasche Cola vor Vivis Nase herum. »War gar nicht so leicht. Joschi sagte, sein Chef würde in letzter Zeit ziemlich Stress machen wegen Alkohol und Minderjährigen und so. Ich musste all meine Überredungskünste einsetzen.« Sie klapperte mit ihren langen Wimpern und zupfte am Ausschnitt ihres Tops herum, bis die Spitzenkante ihres BHs hervorblitzte.

Vivien kicherte. »Gute Idee. Dann gehen wir wenigstens nicht leer aus, falls sie im Bierzelt unsere Ausweise sehen wollen.«

»Genau.« Luisa holte vier Fläschchen Jägermeister aus ihrer Tasche. »Erst mal müsst ihr aber hier drin Platz machen. Wer will?« Sie schraubte die Cola auf und hielt die Flasche in die Runde.

»Gib her.« Merle trank, bis Luisa »Das genügt!« rief, ihr die Flasche wieder abnahm und sie mit Jägermeister auffüllte.

»Passt!«, stellte sie nach einem Probeschluck zufrieden fest, prostete uns zu und nahm noch ein paar Schlucke, bevor sie die Mischung weiterreichte.

»Dass ihr das Zeug mögt!« Merle schüttelte sich und gab mir die Flasche.

»Mit Eis und Zitrone schmeckt das eindeutig besser«, stellte ich fest.

»Keiner zwingt euch!«

Vivien und Luisa tranken abwechselnd, bis wir aussteigen mussten.

»Wir checken erst mal, ob wir hier was zu trinken kriegen«, schlug Luisa vor und marschierte auch schon an Autoscooter, Schiffschaukel und Losbuden vorbei zum Festzelt. Dort reihte sie sich in die Schlange beim Bierverkauf ein. Als vor ihr ein paar Fünfzehnjährige mit leeren Händen weggeschickt wurden, sprach sie kurz mit dem jungen Mann, der hinter ihr in der Reihe stand, und gab ihm einen Schein. Zufrieden grinsend kam sie zu uns zurück und wenig später überreichte ihr der Typ einen vollen Bierkrug und das Wechselgeld.

»Danke, das war echt nett von dir!« Luisa strahlte ihn an.

»Gern geschehen.« Er blinzelte ihr zu und gesellte sich zu seinen Freunden.

»He, super! Ihr habt schon was zu trinken.«

Wie aus dem Boden gewachsen, standen die Jungs vor uns. Marcel griff sofort nach Luisas Maßkrug.

»Seid ihr schon lange hier?«, fragte er und wischte sich den Schaum von den Lippen.

»Nö. Gerade erst gekommen.« Vivien strahlte Tobi an.

»Und was habt ihr vor?«, wollte Dennis wissen.

»Die *Midnight Runners* hören natürlich. – Meine Mutter sagt, wenn die spielen, tanzt das ganze Zelt auf den Tischen.« Darauf hatte ich mich schon die ganze Woche gefreut.

»Dann bist du aber zu früh dran«, klärte Marcel mich auf. »Die spielen nie vor halb neun.«

»Wir brauchen sowieso erst mal was zu trinken«, stellte Dennis fest und Phil sagte: »Warum gehen wir nicht rüber zum Spielplatz? Da gibt es wenigstens keine neugierigen Erwachsenen.«

»Gute Idee.« Tobi, der wie immer sein BMX dabeihatte, strampelte sofort los und Vivien rannte fast hinter ihm her. Merle, Luisa, Phil und ich folgten langsamer, während Marcel und Dennis sich um Getränke kümmerten.

Auf dem Spielplatz probierte Tobi Tricks mit seinem Rad aus und Vivien sah ihm bewundernd zu. Es dauerte nicht lange, da tauchten auch Dennis und Marcel mit zwei Maßkrügen auf. Der Inhalt sah fast wie Cola aus.

»Was ist das denn?«, fragte Vivi neugierig.

»Ganz was Feines.« Großzügig reichte Dennis ihr den Krug, nachdem er selbst getrunken hatte.

Vivien nahm einen Schluck. »Das ist echt gut«, sagte sie und leckte sich die Lippen. »Probier mal, Anna.«

»Darf ich?«

»Klar«, nickte Dennis.

Das Zeug war wirklich lecker. Viel besser als Luisas

Bier. Eigentlich wollte ich den Krug gar nicht mehr hergeben, doch Dennis nahm ihn mir ab und gab ihn an Merle weiter. »Was ist da eigentlich drin?«, wollte die wissen.

»Hefeweizen, Cola und Cognac«, zählte Marcel auf. »Und natürlich Kirschlikör.«

Merle gab Dennis den Maßkrug zurück, ohne getrunken zu haben.

Tobi lehnte sein BMX an die Bank und setzte sich zu uns. »Will jemand 'ne Zigarette?«, fragte er, zog eine zerdrückte Schachtel aus den Tiefen seiner Hosentasche und reichte sie herum.

Marcel und Luisa griffen sofort zu und Vivien zögerte nur kurz. Als Tobi ihr Feuer gab, legte sie eine Hand auf seinen Arm wie in einem schlechten Film.

Merle stupste mich an und grinste.

Marcel erzählte einen blöden Witz nach dem anderen und Luisa lachte immer lauter, je leerer ihr Bierkrug wurde. Vivien hockte zwischen Tobi und Dennis auf der Bank und wurde von beiden so großzügig mit Getränken versorgt, dass für Merle und mich kaum etwas übrig blieb.

Als im Bierzelt plötzlich die Verstärker aufgedreht wurden, sprang ich sofort hoch. »Es geht los!«

»Immer mit der Ruhe«, sagte Marcel gelangweilt und Luisa stimmte ihm zu: »Der Abend ist doch noch lang.«

»Ich will aber tanzen!«

Vivien sprang auf. »Ich auch!« Plötzlich presste sie

eine Hand vor den Mund, stürzte ins Gebüsch am Rande des Spielplatzes und übergab sich geräuschvoll.

»Schade um das gute Zeug«, lachte Phil.

Merle warf ihm einen bösen Blick zu und ging Vivien nach. Ich folgte ihr.

»Geht's wieder?«, fragte Merle und kramte ein Papiertaschentuch aus ihrem Rucksack.

»Klar. Ich glaube, der Jägermeister war zu warm. Wisst ihr, wo hier die Toiletten sind?«

»Am anderen Ende des Festplatzes. – Ich zeig sie dir«, bot ich an.

»Soll ich mitkommen?«, wollte Merle wissen.

»Nicht nötig. Wir treffen uns vor dem Bierzelt.« Ich legte Vivien vorsichtshalber einen Arm um die Taille, aber sie war ziemlich sicher auf den Beinen.

Im Waschraum spülte sie sich gründlich den Mund aus, nahm ein paar Schlucke kaltes Wasser aus dem Hahn und frischte ihr Make-up auf. Wir wollten eben gehen, als die Tür so heftig aufgestoßen wurde, dass sie gegen die Wand knallte.

»Habt ihr die Jungs gesehen?« Luisas rote Strähne schien zu knistern, als stünde sie unter Strom.

»Hier?«, kicherte Vivien.

»Wieso?«, fragte ich. »Wo sind sie denn?«

»Wenn ich das wüsste, würde ich nicht fragen, oder?«, fauchte Luisa. »Die wollten auf die Toilette und jetzt sind sie verschwunden.«

»Wahrscheinlich warten sie längst im Bierzelt«, vermutete ich und Luisa stürmte so schnell aus dem Toilettencontainer, dass wir Mühe hatten, ihr zu folgen.

Vor dem Festzelt stand Merle mit einem Jungen, der mir vage bekannt vorkam. Erst als ich direkt neben ihm stand, begriff ich, dass es der Typ aus dem Schwimmbad war. Das Bleichgesicht mit der Brille und der unmöglichen Badehose.

»Merle?«, sagte er eben. »Das ist ein total schöner Name.« Er schwankte ein wenig und hielt den Blick konzentriert auf den Boden zu seinen Füßen gerichtet. »Das reimt sich«, erklärte er ernst. »Auf – Perle.«

Merle lächelte halb genervt, halb nachsichtig.

Das schien den Dunkelhaarigen zu ermutigen. »Merle …«, stammelte er. »Merle, oh Merle, du schimmerst wie 'ne Perle.«

Luisa schnaubte. »Die Reimer und die Dichter haben die dümmsten Gesichter«, verkündete sie, packte Merle am Arm und zog sie mit, während der Junge wie hypnotisiert auf den Fleck starrte, an dem sie bis eben gestanden hatte.

»Wieso lässt du dich von so einem Schwachkopf vollsülzen? Hast du sie noch alle?«

»Hast DU sie noch alle?« Merle blieb im Zelteingang stehen und riss sich los. »Was bildest du dir eigentlich ein? Nicht jeder steht auf so Typen wie Marcel …!«

»Was heißt hier Marcel? Siehst du Marcel irgendwo?

Ich dachte, wir vier wären zusammen hier. Aber wenn du lieber mit so einem Schwachkopf …«

»Wieso Schwachkopf?« Merle sah aus, als wüsste sie nicht, ob sie lachen oder wütend werden sollte. »Ich fand ihn eigentlich ganz niedlich.«

»Dann geh doch wieder zu ihm, wenn du ihn so niedlich findest«, knurrte Luisa und da drehte Merle sich auf dem Absatz um und ging tatsächlich.

»Na super! Ist vielleicht noch jemand hier, der lieber gehen möchte?« Luisa funkelte uns an.

»Ih wo! Ich will jetzt endlich tanzen.« Vivien drängte sich an uns vorbei ins Zelt und stürmte den Mittelgang entlang zur Bühne. Sie ließ ihre Tasche zu Boden fallen und kletterte über eine voll besetzte Bank auf einen Tisch. Hastig griffen die Leute nach ihren Maßkrügen, doch das schien Vivi gar nicht zu merken. Sie reckte die Arme in die Luft und schwenkte ihre Hüften zur Musik.

17

»Ich habe für heute Mittag einen Tisch bei Dimitrios reserviert«, sagt mein Vater. »Zur Feier des Tages.«

»Bei Dimitrios?« Mein Magen krampft sich zusammen.

»Weil Mia doch so gern griechisch isst«, sagt mein Vater und wirkt plötzlich unsicher.

»Ist das der Grieche, der diese wunderbaren Fischplatten macht?«

»Genau.«

»Großartig!« Mias Augen leuchten mit dem Aprilhimmel vor dem Fenster um die Wette, machen es mir unmöglich zu sagen, dass ich nicht Essen gehen möchte. Und schon gar nicht zu Dimitrios.

Es ist Sonntagmorgen. Mein Geburtstag. Wir sitzen am Frühstückstisch und die Sonne scheint durch das Erkerfenster auf Herzchenporzellan und einen Geburtstagskuchen mit sechzehn Kerzen, auf einen riesigen Tulpenstrauß und verknittertes Geschenkpapier.

Mein Vater scheint noch nicht bemerkt zu haben, dass ich keine Teenie-Romane mehr lese und meiner Mutter muss entgangen sein, dass bei mir schon lange keine Chart-Musik mehr läuft. Das einzige Geschenk, über das ich mich tatsächlich freue, kommt von Mia. Es ist ein riesiges Seidentuch, so leicht, dass es davonschweben will, als ich es ausbreite.

Kirschrot, Rubinrot, Scharlachrot, Fuchsia.

»Wahnsinn! – Hast du das selbst gemacht?«

»Da überschätzt du mich«, lacht Mia. »Mit Seide wäre mein Webstuhl ziemlich überfordert. Ich habe es bei einer Ausstellung entdeckt und sofort an dich gedacht.«

Meine Mutter bekommt hektische Flecken am Hals.

»Das ist doch viel zu auffällig«, sagt sie.

»Blödsinn!« Mia runzelt die Stirn und windet mir das Tuch um Kopf und Hals, als sei ich eine Schauspielerin aus den fünfziger Jahren.

»Das ist – atemberaubend«, sagt mein Vater.

Mia stellt meinen Kleiderschrank auf den Kopf. Prüft dies, verwirft das, landet schließlich bei einem einfachen schwarzen T-Shirt mit langen Ärmeln und dunklen Jeans.

»Zieh das mal an«, verlangt sie und ich verschwinde gehorsam im Bad.

»Dieses Blau ist einfach grässlich«, seufzt Mia, als

ich fertig bin. Sie fängt an, mit dem Tuch zu experimentieren, drapiert hier, schlingt dort, bis von der Kopfbandage nichts mehr zu sehen ist.

Als ich in den Badezimmerspiegel blicke, traue ich meinen Augen kaum. Wer mich nicht kennt, kann unmöglich ahnen, dass mit mir etwas nicht stimmt.

Wie jeden Sonntagmittag platzt die *Taverna* aus allen Nähten und das Selbstvertrauen, das ich vor dem Spiegel einen Moment lang gespürt habe, verpufft. Ehe ich sagen kann, dass ich das hier nicht schaffe, dass sie ohne mich essen sollen, dass ich zurück nach Hause will, eilt Dimitrios mit den Speisekarten auf uns zu.

»Wenn Sie bitte mitkommen wollen … Ich habe extra den besten Tisch für Sie reserviert!«

Er führt uns durchs Lokal. Ein Augenpaar nach dem anderen hebt sich vom Teller und folgt uns. Wie beim letzten Mal habe ich das Gefühl, die Blicke würden sich in meinen Rücken bohren, wenn ich meinen Schutzschild nicht hätte, meine Zwangsjacke, die mich zusammenhält und mir gleichzeitig die Luft abschnürt.

Dimitrios bleibt an einem Tisch stehen. Dem besten Tisch. Von hier aus haben wir das ganze Restaurant im Blick. Ein Präsentierteller ist diskret dagegen.

»Den Oktopus-Salat kann ich heute ganz besonders

empfehlen«, sagt Dimitrios und ich fühle mich, als hätte mich jemand in eine Zeitschleife katapultiert.

»Wissen Sie schon, was Sie trinken wollen?«

Dimitrios spricht mit meinem Vater, doch seine Augen kleben an meinem Gesicht, versuchen unter Mias kunstvoll geschlungenes Seidentuch zu kriechen.

»Zwei Retsina. Richtig, Petra?«

»Richtig.«

»Ich nehme ein Mineralwasser«, sagt Mia.

»Mit oder ohne Kohlensäure?«

»Mit Kohlensäure. – Und was ich gern wissen möchte: Finden Sie es nicht ungehörig, meine Nichte so anzustarren? Das Mädchen ist brandverletzt. Wenn Sie Fragen haben, stellen Sie die. Aber bitte hören Sie auf, so zu gaffen.«

Meine Mutter öffnet den Mund, doch es kommt kein Ton heraus.

Mein Vater räuspert sich.

Dimitrios steckt seinen Block ein und geht.

»Hallo!«, ruft Mia ihm nach.

Dimitrios dreht sich langsam um.

»Meine Nichte möchte sicher auch etwas zu trinken bestellen«, sagt Mia sehr freundlich.

Dimitrios' Augen kleben auf seinem Bestellblock. Der Stift in seiner Hand zittert leicht.

»Ich nehme ein Mineralwasser ohne Kohlensäure«, sage ich und staune, wie fest meine Stimme klingt.

Dimitrios nickt, steckt Block und Stift ein und geht endgültig. An den Nachbartischen werden eilig Köpfe über Teller gebeugt.

»Musste das wirklich sein, Maria?«, fragt meine Mutter.

»Ja«, sagt Mia. »Das musste sein.«

»Du hast recht«, sagt mein Vater. »Das war längst überfällig.«

Diesmal bringt nicht Dimitrios die Getränke, sondern seine Frau. Und die sieht Mia und mich an, als hätten wir ihr das Gesundheitsamt auf den Hals gehetzt. Sie schenkt den Retsina so schwungvoll ein, dass er beinahe überschwappt, knallt vier Gläschen mit Ouzo vor uns auf den Tisch.

Der Anisgeruch steigt mir in die Nase.

Irgendwo in meinem Kopf macht es *Klick*. Eine Krallenhand schließt sich um meinen Hals. Die Kompressionsjacke wird zu eng. Sie nimmt mir den Atem wie ein zu fest geschnürtes Korsett. Mir wird schwindlig. Ich will aufstehen, muss nach der Tischkante greifen, weil plötzlich der Boden unter mir schwankt. Das Tischtuch rutscht. Ich will es halten. Will mich halten … Zu spät.

Ich falle.

Falle.

Falle …

18

Von irgendwoher dringen Stimmen an mein Ohr.

Die meiner Eltern.

Die von Mia.

Langsam erinnere ich mich wieder. Mein Vater hat mich hier heraufgetragen. Ins Gästezimmer. Die Wendeltreppe in mein Zimmer war ihm wohl zu steil.

Ich liege angezogen auf dem Bett. Die Zimmertür ist nur angelehnt. Wahrscheinlich, damit sie mich hören, wenn ich etwas brauche.

Dass ich nun hören kann, was unten geredet wird, haben sie wohl nicht bedacht.

»Passiert es öfter, dass sie einfach so umkippt?«, will Mia gerade wissen.

»Einmal …«

Mehr kann ich nicht verstehen.

»Heißt das, der Ouzo erinnert sie irgendwie an den Unfall?«

Wieder nur unverständliches Gemurmel als Antwort.

Ich schiebe die Bettdecke beiseite, stehe auf, schleiche zur Tür.

»Wie ist das damals eigentlich genau passiert?« Mias Stimme trägt problemlos die Treppe herauf.

Die meiner Mutter auch. Sie sagt: »Darüber reden wir nicht gern, Maria. Es bringt doch nichts, das immer und immer wieder durchzukauen. Wir müssen an die Zukunft denken. Das ist das Einzige, was zählt. Die Zukunft.«

»Aber …«, will Mia einwenden, doch meine Mutter spricht schon weiter. Ihre Stimme wird schrill.

»Irgendwie müssen wir die nächsten eineinhalb Jahre noch überstehen, dann …«

»Warum gerade eineinhalb Jahre?«

»Dann kann endlich mit den Korrekturoperationen begonnen werden«, erklärt meine Mutter. »Ich wünschte, es wäre schon so weit! Manchmal ertrage ich es fast nicht mehr!«

»Was erträgst du nicht mehr?«

Ich sehe geradezu vor mir, wie Mias Augenbrauen in die Höhe schnellen.

»Hast du sie dir nicht angesehen?« Die Stimme meiner Mutter droht zu kippen.

»Natürlich habe ich sie mir angesehen.«

»Dann weißt du doch, wovon ich spreche! Es wird höchste Zeit, dass sie wieder aussieht wie ein normaler Mensch!«

»Das kann nicht dein Ernst sein, Petra«, sagt mein Vater mit einer Stimme, die ich kaum wiedererkenne.

»Was kann nicht mein Ernst sein?«

»Du kannst doch nicht wirklich glauben, dass mit ein paar Operationen …«

»Liest du denn keine Zeitung?« Jetzt überschlägt sich die Stimme meiner Mutter fast. »Siehst du nicht fern, abends in deinen Hotelzimmern? Weißt du nicht, dass Chirurgen heutzutage ganze Gesichter transplantieren? Da werden sie doch wohl dafür sorgen können, dass meine Tochter …«

»Petra«, sagt mein Vater und klingt entsetzt, traurig und wütend zugleich, »du musst dich endlich damit abfinden, dass Anna nie mehr aussehen wird wie vor dem Unfall.«

Ich gleite am Türrahmen zu Boden, kneife die Augen zu und presse die Hände auf die Ohren. Ich will nichts mehr hören. Gar nichts!

Aber der Ton, der die Treppe heraufdringt, ist stärker. Ein Klagelaut, der kaum etwas Menschliches hat. Sogar unter der Kopfbandage stellen sich mir die Nackenhaare auf.

19

Kurz nach Mitternacht stand ich vor unserer Haustür und versuchte, meinen Schlüssel ins Schloss zu schieben. Das erwies sich als erstaunlich schwierig. Nach dem dritten Anlauf pustete ich mir die Haare aus der Stirn und trat einen Schritt zurück. Im ersten Stock war alles dunkel. Meine Eltern schliefen also bereits. Ich legte den Kopf in den Nacken und guckte in den Himmel. Er sah aus, als hätte jemand nachtblauen Samt mit silbernen Sternen bestickt und dann in sanfte Wellenbewegungen versetzt. Wunderschön. Nur dass mir ein bisschen schlecht davon wurde. Ich sah wieder geradeaus, visierte noch einmal das Türschloss an, traf dieses Mal tatsächlich und sperrte auf.

Im Haus war alles still. Ich zog die Schuhe aus, um die Treppe hinaufzuschleichen, als die Stimme meiner Mutter mich zurückhielt. »Anna?«

Ich tastete mich ins Wohnzimmer. Die Tür zum Garten stand offen. Mama saß mit einem Glas Rotwein im Mondlicht auf der Terrasse.

»War's schön?«, fragte sie.

»Hm.«

»Tanzen die Leute immer noch auf den Tischen, wenn die *Midnight Runners* spielen?«

Ich musste kichern. »Und wie. Du hättest Vivi sehen sollen. Die ist abgegangen wie eine Rakete.«

Meine Mutter lachte leise, dann seufzte sie. »Ich wünschte, ich wäre auch noch mal jung.«

»Aber das bist du doch.«

»Ach, Schätzchen …«

In meinem Magen rumorte es. »Ich glaube, ich muss ins Bett«, sagte ich. »Mir ist nicht besonders gut.«

»Nimm dir einen Eimer mit rauf«, sagte meine Mutter. »Ich seh noch mal nach dir, wenn ich ins Bett gehe.«

»Danke, Mama. – Gute Nacht.«

Als ich mich in der Wohnzimmertür noch einmal umdrehte, sah ich, wie meine Mutter nach ihrem Glas griff und dem dunklen Garten zuprostete.

Den ganzen Samstag tanzten die Zwerge mit ihren Nagelschuhen in meinem Kopf. Erst am Sonntag ging es mir wieder besser. Die Sonne schien und schon am Vormittag war es sommerlich warm. Ideales Badewetter.

Bei Luisa sprang nur der Anrufbeantworter an, Viviens Vater sagte, sie würden nach dem Mittagessen eine Wanderung machen und Merle ging weder an ihr Handy noch nahm auf dem Festnetz jemand ab. Also beschloss ich, allein ins Freibad zu gehen. Wie bei dem Wetter nicht anders zu erwarten, waren die Liegewiesen überfüllt, doch an unserem Stammplatz fand ich Merles Decke. Ich breitete mein Badelaken daneben aus, legte mich hin und döste sofort ein.

»Was willst du denn hier?«

Tropfnass hatte Merle sich vor mir aufgebaut und funkelte mich ungnädig an.

»Na hör mal! Das ist doch unser Platz!«

»Kommt Luisa etwa auch noch?«

»Keine Ahnung. – Was ist denn los?«

Merle ließ sich auf ihre Decke fallen, zog ein Handtuch aus der Badetasche und trocknete sich gründlich ab.

»Das fragst du noch? Nach dieser Aktion vom Freitag?« Sie sah zum Schwimmerbecken hinüber, wo sich der Brillenjunge eben aus dem Wasser stemmte. Als Merle ihm zuwinkte, ergriff er die Flucht.

»Sieh dir das an!«, schimpfte sie. »Wenn der mir wirklich gefallen hätte, hätte Luisa von Anfang an alles kaputt gemacht. Ist das etwa okay?«

»Der war doch total dicht«, sagte ich. »Seit wann stehst du auf Besoffene?«

»Ich sag ja nur, wenn, dann hätte sie … Ach, was soll's? – Creme mir mal den Rücken ein!« Merle reichte mir eine bunte Plastikflasche und legte sich auf den Bauch. Großzügig verteilte ich Kokosöl auf ihrem Rücken.

»Zum Altstadtfest kommst du aber mit, oder?«, fragte ich vorsichtig.

»Weiß ich noch nicht.«

»Merle, bitte!«

»Da wird doch wieder nur gesoffen. Du kannst dir nicht vorstellen, wie mich das anödet!«

»So schlimm ist das gar nicht«, widersprach ich. »Die Musik ist doch viel wichtiger. Und das leckere Essen …« Mit Essen konnte man Merle normalerweise immer locken, doch diesmal machte sie es mir nicht so leicht.

»Musik und Essen und jede Menge zu trinken«, sagte sie mürrisch. »Könnten wir nicht wieder mal etwas ganz Normales unternehmen? So wie früher?«

»Was denn?«

»Na ja. Ins Kino gehen. Singstar spielen. Was weiß ich? – Warum sind wir eigentlich nicht mehr im Chor?«

»Weil das Kinderkram ist.«

»Und Saufen ist erwachsen, ja?«

»Was ist denn los mit dir? Bloß weil wir ein bisschen Spaß haben, machst du so ein Theater.«

»Spaß nennst du das?«, fragte Merle ungläubig. »Dass Vivi am Freitag so besoffen war, dass sie kotzen musste, war Spaß?«

»Das kann doch mal passieren. – Außerdem ging es ihr danach wieder richtig gut. Du hast echt was verpasst.«

»Euch ist wirklich nicht zu helfen«, sagte Merle, streckte sich auf ihrer Decke aus und schloss die Augen.

20

Ich weiß nicht, wo ich bin. Das Bett ist fremd. Das Licht anders, als es sein sollte. Es riecht verkehrt in diesem Raum. Und es ist totenstill. Nur einmal schlägt irgendwo ganz in der Nähe eine Autotür und ein Motor wird angelassen.

Wo bin ich? Wo haben sie mich hingebracht?

Mia fällt mir ein.

Mia …

Ich drifte weg, bevor ich den Gedanken fassen kann.

Als ich das nächste Mal wach werde, scheint die Sonne durch ein Fenster, das wie ein Bullauge aussieht, und ich weiß sofort, wo ich bin.

Die Möbel, die vom Sperrmüll sein könnten, die blanken Bodenbretter, der Flickenteppich – das ist die Wochenend-Kate von Mia und ihrem Professor. Als ich klein war, bin ich im Sommer oft mit meiner Mutter hier gewesen. Mia schwor auf die Heilkraft der Nordseeluft, war sicher, sie müsse stärker sein als meine ständigen Erkältungen. Damals habe ich sie Mia getauft. Weil meine Kleinkinderzunge mit dem »r« in *Maria* einfach nicht zurechtkam.

Nach und nach erinnere ich mich jetzt daran, wie ich hergekommen bin. Mia hat mich mitgenommen. Einfach so. Sie hat zwei Plätze für den Abendflug nach Hamburg reserviert, mit dem Professor telefoniert und unsere Koffer gepackt. Sie hat sich vor meiner Zimmertür lange mit meinem Vater unterhalten und etliche Papiere in ihrem Koffer verstaut. Als es vor dem Haus hupte, hat sie mich die Treppe hinuntergeführt und ins Taxi verfrachtet.

Mein Vater stand mit hängenden Schultern daneben.

Meine Mutter war nirgends zu sehen.

»Hoffentlich tun wir das Richtige, Mia«, sagte mein Vater zweifelnd. »Ich habe in Kürze ein paar Termine in eurer Gegend. Dann komme ich vorbei. Ich kann dann auch noch ein paar Sachen für Anna mitbringen …«

Meine Tante umarmte ihn kurz, dann setzte sie sich zu mir ins Taxi und ließ mich nicht mehr aus den Augen, bis ihr Mann, den wir alle, auch sie selbst, *Professor* nannten, uns in Hamburg am Flughafen abholte.

Dunkel erinnere ich mich an die nächtliche Fahrt

über flaches Land, an einen unendlichen Sternenhimmel und die gespenstischen Silhouetten der Windräder. Daran, wie ich ins Bett gekommen bin, erinnere ich mich nicht mehr. Aber eines ist klar. Mia ist offenbar der Meinung, dass mir die Nordseeluft auch diesmal helfen wird.

Ich sitze in der Küche auf der Eckbank. So wie früher.

»Ich habe Rosinenstuten gekauft«, sagt Mia und stellt das helle Brot auf den Tisch.

Rosinenstuten. Wie früher. Jeden Morgen habe ich darüber gelacht.

Heute nicht.

»Ich will nichts essen«, sage ich.

»Dann trink wenigstens etwas.« Mia schenkt mir eine Tasse Kakao ein.

»Ich will auch nichts trinken«, sage ich.

»Wie du meinst.« Mia füllt sich selbst einen Becher, schneidet eine dicke Scheibe vom Rosinenbrot ab, bestreicht sie großzügig mit Butter.

»Wo ist der Professor?«, frage ich.

»Nach Hamburg zurückgefahren.«

»Und du?«

»Ich bleibe hier. – Was dachtest du denn?«

»Wie lange?«

»So lange wie nötig.«

»Wir haben morgen Nachmittag einen Termin im Kurmittelhaus«, sagt Mia, als sie den Tisch zum Mittagessen deckt. »Es gibt dort eine sehr gute Physiotherapeutin, die auch schon mit Brandverletzten gearbeitet hat. Deine Therapie wird also nicht unterbrochen.«

»Ich mache keine Therapie mehr.«

Mias Augenbrauen wandern in die Höhe.

»Warum sollte ich?«, will ich wissen. »Es hat doch sowieso keinen Sinn. Das alles hat überhaupt keinen Sinn! Gut, dass ich das endlich weiß! Ich lasse mich nicht länger von euch verarschen und das hier«, ich springe auf, »das hier trage ich auch nicht mehr!«

Ich will mir die Kopfbandage herunterreißen, doch ich komme nicht an den Reißverschluss heran, so sehr ich mich auch anstrenge. Keuchend lasse ich die Arme fallen, will aus der Küche stolpern, da stellt Mia sich mir in den Weg und hält mich fest. Ich versuche mich loszureißen, doch irgendwie landet mein Kopf an Mias Schulter und ich heule wie ein kleines Kind. Es dauert ewig, bis ich mich wieder einigermaßen im Griff habe. Als mein Schluchzen langsam verebbt, spüre ich Mias Finger auf meinem Hinterkopf. Sie öffnet den Reißverschluss und nimmt mir behutsam die Bandage ab.

Ich hatte gedacht, ich würde mich frei fühlen, könnte endlich wieder atmen. Ich habe nicht damit gerechnet, dass es wehtun würde. Nicht im Traum habe ich mir solche Schmerzen ausgemalt. Nach einem halben Tag ohne Salben und Massage fängt die transplantierte Haut auf meinem Bauch an zu brennen. Nach vierundzwanzig Stunden fühlt sie sich an, als hätte mich jemand mit Pfeffer eingerieben. Die Narben spannen, als ob sie reißen wollten.

Aber ich will mich nicht mehr eincremen. Nie mehr! Ich will diesen widerlichen Schildkrötenbauch nicht mehr anfassen, die Narbenstränge nicht mehr berühren, die sich wie Schlangen meinen Hals hinaufwinden. Und ich will diese Kraterlandschaft nicht mehr sehen, die einmal mein Kinn war!

Aber wie soll ich das durchhalten, wenn es so wehtut? Ich grabe meine Fingernägel in die Unterarme, beiße mir die Lippen blutig. Das hilft.

Einen Moment wenigstens.

Warum habe ich nicht einfach sterben dürfen?

Warum mussten sie mich da rausholen? Es wäre doch so einfach gewesen! Ein paar Minuten länger … Jedes Wochenende sterben Jugendliche auf der Straße.

Warum ich nicht?

Ich trommle mit den Fäusten an die Wand meines Zimmers. Der raue Putz reißt mir die Hände auf, doch die Schmerzen lassen nicht nach.

Ich werde verrückt.

Das ist mir auf einmal klar.

Nur Verrückte schlagen mit der Stirn gegen die Wand, bis ihnen das Blut in die Augen läuft.

21

Auf meiner Stirn klebt ein dickes Pflaster. Meine Hände stecken in weißen Baumwollhandschuhen. Keine Ahnung, was Mia damit bezweckt, denn natürlich kann ich diese blöden Dinger jederzeit ausziehen, kann mich weiter kratzen, kann weiter mit den Fäusten um mich schlagen.

Aber irgendwie funktioniert es. Irgendwie hält mich diese weiße, saubere Baumwolle zurück und ich sitze einfach da und starre. Starre vor mich hin wie eine Schwachsinnige. Mal auf diese dämlichen weißen Handschuhe, mal auf den grünen Deich jenseits der Wiesen und dann wieder in den Himmel, der so viel höher, so viel weiter ist als daheim.

Ich sitze in Mias Rosenpavillon. Windgeschützt steht er in einer Ecke ihres großen Gartens und so früh im Jahr kommt die Sonne noch nicht hierher. Selbst ohne Zwangsjacke und Kopfbandage kann ich also hier sitzen, ohne Angst um meine Haut. Denn um die habe ich Angst, seit ich erlebt habe, wie sie reagiert, wenn ich sie vernachlässige. Nach eineinhalb Tagen musste ich kapitulieren und mich wieder eincremen, weil die Schmerzen unerträglich wurden.

Aber die Kompressionskleidung trage ich nicht mehr, das steht fest. Ich habe nur eine Baseballkappe vom Professor auf dem Kopf, weil ich das ungeschützte Gefühl ohne Bandage noch nicht aushalte.

Es war komisch, mich mit Haaren im Spiegel zu sehen. Dass sie mir inzwischen bis über die Ohren reichen, ist mir vorher nie richtig aufgefallen. Und sie fühlen sich total schön an. Viel besser als vor meinem Unfall.

Ich muss eingedöst sein, wie so oft in letzter Zeit, denn erst jetzt höre ich, dass ganz in der Nähe ein Rasenmäher knattert. Es klingt, als würde er jeden Augenblick um die Hausecke biegen.

Ich sollte wohl aufstehen und hineingehen, doch dazu reicht meine Kraft nicht. Mein Körper hockt schwer auf dieser schmalen Bank im Pavillon und weigert sich, mich irgendwohin zu bringen. Nur den Schirm der Baseballkappe lässt er mich tiefer ins Gesicht ziehen und das Kinn im Kragen meiner Fleecejacke versenken.

Ich schließe die Augen wie einer dieser drei Affen, tue, als könnte mich niemand sehen, wenn ich nichts sehe. Natürlich funktioniert das nicht. Der Rasenmäher tuckert ein letztes Mal, dann verstummt er und eine junge Männerstimme sagt: »Hi! Du musst Anna sein.«

Ich antworte nicht. Könnte es nicht einmal, wenn ich wollte, weil meine Zunge am Gaumen klebt.

»Maria hat mir schon von dir erzählt.«

Ich sehe ihn nicht an, tue weiterhin, als sei ich unsichtbar.

»Ich bin Ole. Ich kümmere mich um Marias Garten, wenn sie in Hamburg ist. – Und den Rasen mähe ich eigentlich immer.«

Oles Stimme ist nett.

Mit einem Auge schiele ich unter dem Mützenschirm hervor. Er hat nicht nur eine nette Stimme, er sieht auch nett aus. So ein blonder Schwedentyp mit blauen Strahleaugen. Könnte glatt Merles Bruder sein.

Merle. Warum fällt mir die ausgerechnet jetzt ein? Fast ein Jahr lang haben wir uns nicht gesehen und plötzlich merke ich, wie sehr sie mir fehlt. Ob sie überhaupt weiß, was passiert ist? Ob Luisa und Vivien ihr …

»Maria hat gesagt, dass du einen Unfall hattest. Bist du irgendwie taubstumm oder so?«

Ich bin so verblüfft, dass ich zu ihm hochsehe. Ole ist ziemlich groß und schlank auf eine schlaksige, jungenhafte Art. Und er lächelt.

»Taubstumm?«

»Also nicht.« Jetzt grinst er. »Was dann?«

»Das hat Mia also nicht erzählt?« Rasch verstecke ich mein Kinn wieder im Jackenkragen.

»Nein, hat sie nicht. Sie kann mächtig diskret sein, wenn sie will.«

Offenbar fasst er die Tatsache, dass ich geantwortet habe, als Einladung auf, denn jetzt kommt er in den Pavillon und setzt sich zu mir.

»Zeit für eine Pause«, sagt er. »Hast du was dagegen …?«

Er fummelt eine Schachtel Zigaretten aus seiner Jeanstasche und hält sie mir hin. Ich schüttele den Kopf, sehe zu, wie er sich eine Zigarette anzündet und den Rauch tief in die Lunge zieht. Er lehnt sich zurück und schlägt die Beine übereinander.

»Also: Was für ein Unfall war das?«

Kann es sein, dass Mia ihn als eine Art Therapie zu mir geschickt hat? Dass sie glaubt, es würde mir helfen, mit jemandem über diesen verdammten Unfall zu sprechen? Komisch eigentlich, dass bisher niemand daran gedacht hat, einen Psychiater auf meinen Terminplan zu setzen.

»'tschuldigung«, sagt Ole. »Ich bin manchmal unmöglich. Wenn du nicht darüber reden willst …«

»Nein«, sage ich. »Will ich nicht.«

»Dann wechseln wir eben das Thema.« Er grinst schon wieder. »Wie lange bleibst du hier?«

Ja, wie lange? Wann muss ich zurück zu meiner Mutter, die meinen Anblick nicht erträgt, zu meinem Vater, der eisern tut, als sei alles in bester Ordnung?

Wie lange dauert *so lange wie nötig*? Wie lange wird Mia es ohne ihren Mann aushalten? Oder kommt er irgendwann auch hierher?

Ich weiß nicht, ob ich das ertragen könnte. Aber zu Hause, mit meiner Mutter? Ich fange an zu zittern.

»He, was ist los mit dir?« Ole lässt seine Zigarette fallen und tritt sie aus. »Ist alles in Ordnung?«

Ich kann nicht antworten.

»Anna?«

Meine Zähne klappern so laut, dass er es hören muss. Ole sieht mich hilflos an, dann springt er auf, rennt zum Kücheneingang und holt Mia.

22

Der vorgezogene Sommer verabschiedete sich von einem Tag auf den anderen und die Temperaturen fielen um mindestens zehn Grad. Ein eklig kalter Wind trieb uns jede Pause in einer geschützten Ecke des Schulhofs zusammen, doch immerhin herrschte zwischen Merle und Luisa endlich wieder Tauwetter. Sie und Vivien hatten sich sogar solche Schmetterlingsohrringe gekauft, wie Merle sie mir geschenkt hatte. Nun konnte jeder gleich erkennen, dass wir vier zusammengehörten.

»Was machen wir eigentlich dieses Wochenende?«, fragte Luisa und trat von einem Fuß auf den anderen, um sich warm zu halten.

»Lernen, was sonst?«, antwortete Merle ohne nachzudenken.

Vivi nickte heftig.

»Das ist aber nicht euer Ernst, oder?« Luisa sah uns entgeistert der Reihe nach an.

»Na klar!«, bestätigte ich. »Wir schreiben nächste Woche drei Tests!«

»Das ist doch kein Grund, das ganze Wochenende zu Hause zu hocken!«

»Ich darf auf keinen Fall ausgehen«, sagte Vivien. »Nach der Vier in Englisch neulich haben meine Eltern total Stress gemacht.«

»Nicht jeder kann Einsen und Zweien schreiben, ohne dafür zu lernen«, fügte ich ein bisschen neidisch hinzu.

Dennis und Marcel schlenderten vorbei, die Mützen tief ins Gesicht gezogen, die Hände in den Hosentaschen vergraben.

»He, ihr zwei«, rief Luisa. »Was macht ihr am Wochenende?«

Dennis blieb stehen. »Lernen natürlich«, sagte er. »Nächste Woche sind doch jede Menge Tests!«

»Ihr seid ja so was von langweilig!« Luisa stampfte mit dem Fuß auf wie ein wütendes Kind und Vivien kicherte.

»Sehr komisch! Wirklich, total witzig!« Einen Moment lang dachte ich, Luisa würde Vivi eine knallen, doch sie stürmte einfach über den Pausenhof davon.

»Was war das denn?« Vivien sah ihr verblüfft nach.

»Das sind diese armen Hochbegabten«, sagte Merle. »Die sind einfach nicht ausgelastet.«

Bis zum Freitag der nächsten Woche hatte das Wetter sich erneut geändert und am Wochenende sollte es sogar noch wärmer werden.

Als Frau Schmidt-Huber die Deutschaufsätze einsammelte, lehnte Luisa sich zufrieden auf ihrem Stuhl zurück. »Jetzt steht der Planung des Abends aber nichts mehr im Weg, oder?«

»Klar!« Vivien strahlte. »Wann treffen wir uns?«

»Heute?«, fragte Merle verblüfft. »Die richtig guten Bands spielen doch erst morgen.«

»Kann sein«, sagte Luisa. »Dann hören wir uns eben heute die guten an und morgen die richtig guten.«

»Glaubst du etwa, meine Mutter ließe mich zwei Abende nacheinander ausgehen?« Jetzt wirkte Merle geradezu schockiert.

»Und glaubst du etwa, ich wollte mein Wochenende nach deiner Mutter richten?« Luisa lachte spöttisch auf und rief den Jungs, die zwei Reihen vor uns saßen, zu: »Seid ihr heute Abend auf dem Altstadtfest?«

»Klar! Nach so einer stressigen Woche muss man sich doch entspannen«, erklärte Phil und Tobi vergewisserte sich: »Ihr kommt also auch?«

»Natürlich.« Vivien verfärbte sich zartrosa. »Altstadtfest ist Pflicht.«

»Treffen wir uns doch um halb acht auf dem Parkplatz im Grund«, schlug Luisa vor. »Wer da ist, kommt mit, und wer zu spät kommt, kann sehen, wo er bleibt.« Sie guckte Merle herausfordernd an.

Als ich kurz vor halb acht zum Treffpunkt kam, wartete Merle zu meiner Verblüffung bereits dort.

»He! Toll, dass du auch mitkommst!« Ich setzte mich zu ihr auf die Bank am Parkscheinautomaten.

»Meine Mutter ist heute Abend hier«, erklärte Merle mit schiefem Grinsen. »Sie wollte ein paar alte Freunde treffen, bevor ... Jedenfalls durfte ich deswegen auch gehen. Wir sollten uns aber besser von der Rockbühne fernhalten ...«

In diesem Moment schlenderten Vivien und Luisa quer über den Parkplatz und von der anderen Seite näherten sich Dennis, Phil und Tobi.

»Kommt Marcel nicht?«, fragte Luisa, als sie bei uns am Parkscheinautomaten zusammentrafen.

»Der wusste noch nicht, was er anziehen soll«, grinste Phil. »Wahrscheinlich kommt er später zur Stadtmauer. Da spielen sie heute Hip-Hop.«

»Och nö!« Vivien zog eine Schnute. »Hip-Hop ist doch doof! Ich will richtige Musik.«

»Klar. Wir gehen zur Rockbühne«, entschied Luisa.

»Äh ... Rockbühne ist keine so gute Idee«, wandte Merle ein. »Da trifft meine Mutter sich heute mit Freunden.«

Luisa war einen Moment lang sprachlos. Ehe sie explodieren konnte, griff Vivien in ihre Umhängetasche und holte eine Handvoll langhalsiger Fläschchen heraus.

»Feiglinge? Nee danke, das ist doch was für Mädchen.« Phil und Dennis lehnten ab, aber Tobi griff zu. Merle verdrehte die Augen, nahm aber nach kurzem Zögern ebenso wie Luisa und ich eine der kleinen Flaschen. Wir vollzogen das übliche Ritual, stießen an, klemmten die Flaschenhälse zwischen die Zähne und legten die Köpfe in den Nacken.

»Brrr!« Wie immer schüttelte Vivien sich von Kopf bis Fuß und Luisa grinste nun doch wieder. »Dann wollen wir mal sehen, ob heute Abend noch mehr Eltern unterwegs sind«, sagte sie, hakte sich bei Vivien ein und marschierte los zum Marktplatz.

Schon lange bevor wir dort ankamen, wurde das Gedränge so dicht, dass es schwerfiel, zusammenzubleiben.

»Lasst uns lieber außen rum zur Stadtmauer gehen«, schlug Luisa vor. »Hier läuft man ja ständig Gefahr, dass einen jemand mit Senf beschmiert.«

»Ich wollte aber erst mal etwas essen«, protestierte Merle.

»Ich auch!«

»Ich nicht! Auf keinen Fall!« Vivien schüttelte heftig den Kopf. »Ich habe gerade erst zwei Kilo abgenommen.« Sie zupfte demonstrativ am Bund ihrer Jeans herum.

»Und was ist mit euch?«, fragte Luisa die Jungs.

»Ich hab ein paar Speckbrote gegessen. Ich kann gleich was trinken«, erklärte Phil mit breitem Grinsen und auch Dennis und Tobi hatten keinen Hunger.

»Dann müsst ihr wohl allein weitergehen«, stellte Luisa

fest. »Wir treffen uns halt später wieder. Wenn ihr satt seid …«

»Aber …«, setzte ich an, doch eine Gruppe Erwachsener schob Merle und mich weiter und plötzlich standen wir allein am Rande des Marktplatzes. Aus allen Richtungen wehte uns Essensduft entgegen. Direkt vor uns stand der Lángos-Wagen und verströmte Knoblauchwolken. Von rechts zog Bratwurstduft heran und irgendwo links von uns musste jemand gebrannte Mandeln und süße Crèpes verkaufen. Ich konnte direkt sehen, wie Merle das Wasser im Mund zusammenlief.

»Womit fangen wir an?«, fragte ich.

»Na, mit Lángos, oder?«

»Aber dann riechen wir den ganzen Abend nach Knoblauch!«

»Willst du heute jemanden küssen?«, fragte Merle.

»Ich wüsste nicht, wen.«

»Also dann. – Worauf warten wir noch?«

Mit den fetttriefenden, heißen Hefefladen in Händen ließen wir uns weitertreiben und landeten schließlich vor der Bühne am Rathaus, wo eine Marching-Band spielte und mit Batons wirbelnde Mädchen in kurzen Röcken auf der Stelle marschierten.

»Lass uns hier ein bisschen zuhören«, sagte Merle zwischen zwei Bissen.

»Ist das dein Ernst?«

»Klar. Ich sollte mich langsam an so was gewöhnen.«

»Wie meinst du das?«

Merle biss erneut in ihren Hefefladen und blickte unverwandt geradeaus, als hätte sie mich nicht gehört.

»Wie meinst du das?«, wiederholte ich und spürte ein flaues Gefühl aus meinem Magen hochsteigen.

Merle sah noch immer stumm zur Bühne hinauf. Ich packte sie am Arm und zerrte sie fort von der blechernen Musik, drängte mich mit ihr zwischen dicht an dicht stehenden Menschen hindurch.

Erst hinter der Kirche wurde es stiller. Keuchend, als sei ich eine Ewigkeit gelaufen, lehnte ich mich an die Sandsteinmauer. »Also ...?«

Merle seufzte. »Ich gehe für ein Jahr in die USA«, sagte sie leise.

»Ach ja? Toll! Und seit wann weißt du das?«

»Seit zwei Wochen.«

»Wirklich klasse! Ich dachte immer, du wärst meine beste Freundin! Warum hast du mir nichts gesagt? – Ich wäre doch mitgegangen! Meine Mutter hat schon ein paarmal gefragt, ob ich nicht ein Austauschjahr machen will!«

»Das ist kein Austauschjahr.«

»Nicht? Was dann?«

»Meine Mutter geht rüber, um das Vertriebsbüro ihrer Firma neu zu organisieren. Ihr Chef ist überzeugt, dass sie auf dem US-Markt viel mehr verkaufen könnten. – Das ist eine Riesenchance für meine Mutter.«

»Aber warum musst du mit?«

»Soll ich etwa zu meinem Vater gehen?«, fragte Merle. »Kannst du dir vorstellen, wie begeistert seine neue Frau wäre, wenn ich mich für ein Jahr bei ihnen einniste?«

»Du könntest zu uns ziehen! Meine Mutter hätte sicher nichts dagegen! Ich frage sie. Gleich heute Abend noch!«

»Ach, Anna.« Merle legte mir einen Arm um die Schultern. »Meine Mutter hat doch schon längst alles geregelt. Außerdem – stell dir das mal vor: Ich in New York! Irgendwie ist das Wahnsinn, oder?«

Ich wusste nicht, was ich sagen sollte, wusste nur, dass ich nicht ein Jahr ohne Merle sein wollte.

»Und manchmal«, fuhr sie fort, »bin ich fast froh, hier wegzukommen. Es ist alles so anders geworden in letzter Zeit. Luisa und Vivien, die Jungs …«

»Aber das ist doch normal! Wir sind schließlich keine Kinder mehr!« Mein Lángos war kalt geworden, die Knoblauchsoße roch eklig. Ich wischte mir mit einer Papierserviette das Öl von den Fingern, ließ Merle stehen und versenkte alles im nächsten Abfalleimer.

Merle kam hinter mir her und hakte sich bei mir ein. »Siehst du, Anna«, sagte sie. »Gerade das wollte ich nicht. – Dass du jetzt Trübsal bläst. Ich wollte heute noch mal richtig Spaß haben mit dir. – Also, wo gehen wir als nächstes hin?«

Ich zuckte mit den Schultern. Mir war es egal. Am

liebsten wäre ich nach Hause gegangen, hätte mich in meinem Zimmer eingeschlossen und geheult.

Als würde sie nichts merken, zog Merle mich einfach weiter. »Du kriegst jetzt erst mal ein großes Eis«, entschied sie. »Und dann suchen wir die anderen.«

23

Draußen wird es langsam hell. Im Flieder vor dem Bullauge schimpfen die Spatzen. Ich stehe auf und tappe hinüber ins Bad.

Damit der kleine Raum ein wenig größer wirkt, hat Mia Spiegelfliesen an die Tür geklebt. An denen vorbeizusehen ist schwerer, als nicht in den Spiegel zu gucken. Ich habe drei Tage gebraucht, bis ich den Dreh raushatte. Jetzt geht es einigermaßen.

Mit halb geschlossenen Augen sitze ich auf der Toilette, starre beim Zähneputzen konzentriert die Wand an. Irgendwo in der Nähe rumpelt ein Traktor und ein Auto bremst mit quietschenden Reifen. Ich bin einen Moment lang abgelenkt und da passiert es: Ich stehe mir selbst gegenüber. Stehe Auge in Auge mit meinem Spiegelbild und will nicht glauben, was ich sehe. Ich öffne zwei Knöpfe an meinem Pyjamaoberteil, kneife mich in den Arm, um wach zu werden.

Ich bin wach.

Mein Spiegelbild verändert sich nicht.

Ein Schrei steigt in meiner Kehle hoch, lässt sich nicht zurückhalten. Ich schreie und schreie und kann einfach nicht aufhören, bis Mia plötzlich vor mir steht und mir zwei Ohrfeigen gibt.

Das wirkt. Ich verstumme.

»Was ist denn los, Anna? Du hast mir einen fürchterlichen Schreck eingejagt!«

Ich will antworten, bringe aber keinen Ton heraus.

»Anna!«

Ich versuche es noch einmal, aber was in mir hochkommt, will schon wieder ein Schrei werden.

Mia hebt warnend die Hand. »Bitte nicht«, sagt sie. »Für einen Morgen reicht das. Wirklich.«

»Ich …«, meldet sich meine Stimme zurück.

»Ja?«

»Ich …« Meine Hände wedeln hilflos durch die Luft.

»Was meinst du, Anna?«

»Meine …« Ich zerre die Hälften meines Pyjamaoberteils so heftig auseinander, dass die Köpfe von oben bis unten aufspringen.

Mias Blick wandert über meinen Bauch und meinen Oberkörper bis zum Hals.

»Du hast gewusst, dass die Narben sich ohne Kompression verändern«, sagt sie.

»Aber doch nicht so schnell!«, schreie ich.

»Wie schnell das geht, ist eigentlich egal, wenn du nie mehr Kompressionskleidung tragen willst.«

Ich starre Mia an und sinke auf den Badewannenrand.

Sie setzt sich neben mich, streichelt mir über die Haare.

»Wir sollten mal zum Friseur gehen«, sagt sie. »Mit einem schönen Schnitt würden die jetzt wieder richtig gut aussehen.«

Ich fange an zu heulen. »Ich kann nicht mehr«, schluchze ich. »Ich kann einfach nicht mehr, Mia!«

Sie zieht meinen Kopf an ihre Schulter und hält mich fest.

»Du bist schon so weit gekommen«, sagt sie leise. »Klar sehen die Narben heute böse aus. Aber du hättest dich nach dem Unfall sehen sollen … Ich hätte nie gedacht, dass du dich so schnell erholst.«

»Warst du etwa im Krankenhaus?«

»Natürlich.«

»Und warum weiß ich nichts davon?«

»Du hast doch im künstlichen Koma gelegen …«

»Aber Ma… – meine Eltern hätten mir das doch erzählen müssen!«

»Nun ja«, Mia rollt mit den Augen, »ich bin damals etwas überstürzt abgereist. Das hat sie wohl ziemlich … empört.«

»Und warum?«

»Ehrlich gesagt habe ich Petras Getue nicht mehr ausgehalten. Ich habe natürlich verstanden, dass sie mit den Nerven am Ende war – das war ich schließlich auch. Aber diese Hysterie … und dazu dann Erwin mit seiner erzwungenen Vernunft – das war mehr, als ich ertragen konnte. Ich bin wieder nach Hause geflogen und habe dir von dort aus jeden Tag heilende Gedanken geschickt.«

Ich linse unter meinen Stirnfransen zu ihr hinüber.

»Dann habe ich es also dir zu verdanken, dass ich nicht gestorben bin?«

Mia lächelt. »Das würde ich natürlich gern glauben«, sagt sie. »Aber wahrscheinlich musst du dich doch bei dem jungen Mann bedanken, der so geistesgegenwärtig war, sich an das Mineralwasser im Kofferraum zu erinnern und der dein T-Shirt damit gelöscht hat.«

»Bedanken?«, sage ich. »Ich sollte ihn umbringen!«

24

Schon von Weitem hörten wir die harten Beats aus dem Stadtgraben. Über die Mauer sahen wir hinunter auf ein Meer von ausgestreckten Armen, die sich rhythmisch auf und ab bewegten. Auf der Bühne gab der Sänger etwas von sich, das nach *Alles sieht wie Scheiße aus* klang.

»Vielleicht wäre die Rockbühne doch besser ...?«, setzte ich an, doch da deutete Merle schon in den Graben hinunter.

»Guck mal!«, rief sie. »Vivi hat es geschafft!«

Tatsächlich hing Vivien an Tobis Hals und er hatte sein Gesicht in ihren Locken vergraben.

Merle bahnte sich bereits einen Weg die Treppe hinunter und ich folgte ihr zögernd.

»He, da seid ihr ja wieder!« Vivien strahlte uns entgegen.

»Seid ihr allein?«, wollte ich wissen.

»Nö.« Tobi hob seinen Kopf aus Vivis Mähne, rückte seine Brille zurecht und sah uns an. »Die anderen holen gerade was zu trinken.«

In diesem Moment tauchte Dennis auf. »Da seid ihr ja endlich!«, sagte er und hielt mir seinen Maßkrug hin. »Den hab ich gerade noch gerettet. – Luisa trinkt heute schneller, als man für Nachschub sorgen kann.«

»Warum das denn?«

»Marcel zieht hier mit so einer aufgetakelten Schnepfe herum. Das scheint sie ziemlich fertiggemacht zu haben«, erklärte Dennis. »He – fang du nicht auch noch an!« Er nahm mir den Maßkrug wieder ab. »Besorg dir selbst was, wenn du solchen Durst hast!«

»Meinst du, ich krieg so eine schwarze Maß?«, fragte ich zweifelnd.

»Ich komme mit«, bot Dennis an. »Mein Bruder muss noch irgendwo in der Nähe sein. Der ist achtzehn …«

Es war fast Mitternacht, als wir uns auf den Heimweg machten. Vivien hatte sich an Tobi geklammert, schwankte aber trotzdem wie ein Matrose auf Landgang. Auch Tobi konnte nicht mehr geradeaus gehen. Mir dröhnte der Kopf und ich knickte ständig um. Luisa allerdings hatte es am schlimmsten erwischt. Sie konnte sich kaum noch auf den Beinen halten. Phil und Dennis schleiften sie regelrecht die Straße entlang.

Merle, die den ganzen Abend nur Cola getrunken hatte, marschierte mit ausdrucksloser Miene neben uns her.

Plötzlich röchelte Luisa und Dennis und Phil erschraken so, dass sie sie losließen. Luisa sackte zu Boden und blieb einfach liegen.

»Scheiße!« Tobi stolperte beim Versuch ihr auszuweichen und schlug der Länge nach hin.

Vivi bekam einen Lachanfall.

Merle warf ihr einen wütenden Blick zu, dann bückte sie sich, um Luisa aufzuhelfen, doch die rührte sich nicht.

»He, mach keinen Blödsinn!« Merle packte sie an den Schultern und schüttelte sie.

Luisa reagierte nicht.

Tobi hatte sich wieder aufgerappelt. »Was'n los mit der?«, nuschelte er.

»Besoffen, was sonst?«, lachte Vivien.

»Ja, so besoffen, dass sie nicht mehr wach wird!« Merle klang panisch. »Wir brauchen einen Krankenwagen!«

»Quatsch!« Vivien kam schwankend näher und beugte sich zu Luisa hinunter. »Das reicht!«, kreischte sie. »Du hast uns genug verarscht!«

Luisa rührte sich nicht und Merle zog ihr Handy aus der Tasche.

»Lass das lieber«, sagte Tobi und klang plötzlich erstaunlich nüchtern.

»Was soll ich lassen?« Merle klappte ihr Handy auf.

»Steck das Handy wieder weg. Wenn du jetzt die Sanitäter rufst, gibt es ein Riesentheater. – Schließlich sind wir alle noch nicht sechzehn, aber stockbesoffen.«

Als sei das ihr Stichwort gewesen, fing Vivien an zu heulen. »Das kannst du nicht machen, Merle. Mein Vater …«

»Und was sollten wir eurer Meinung nach tun?«

»Hier kommen so viele Leute vorbei«, sagte Tobi, »da wird sich gleich jemand um Luisa kümmern.«

Wie zur Bestätigung ertönten weiter oben in der Straße Erwachsenenstimmen.

»Worauf wartet ihr noch?«, fragte Phil. »Die sind gleich da.«

Merle schnappte nach Luft. »Ihr wollt Freunde sein?«, keuchte sie. »Solche Freunde wie euch hat kein Mensch verdient!«

»Aber …«, begann ich.

»Haut ab!«, unterbrach Merle mich. »Haut bloß ab!«

Vivien ließ sich das nicht zweimal sagen. Sie zerrte Tobi mit sich und Dennis und Phil wankten hinter den beiden her.

»Was ist mit dir?« Merles Blick war kalt wie Gletschereis.

Ich versuchte mir auszumalen, was mein Vater sagen würde, wenn die Polizei mich nach Hause brächte. Die Vorstellung war alles andere als verlockend.

»Das hätte ich nie von dir gedacht«, sagte Merle leise, drehte sich von mir weg und tippte eine Nummer in ihr Handy.

25

Irgendwo im Haus ertönte ein schrilles Klingeln. Ich stöhnte und presste die Hände an die Schläfen, doch es half nichts. Das Hämmern und Dröhnen hörte nicht auf. Plötzlich kamen schwere Schritte die Treppe herauf, meine Zimmertür wurde aufgerissen und mein Vater stürmte herein. Er baute sich vor meinem Bett auf und schrie mich an: »Was habt ihr da gemacht?«

Die Zwerge in meinem Kopf liefen Amok.

»Antworte gefälligst!«

Noch nie hatte ich meinen Vater derartig wütend erlebt.

»Was sollen wir denn gemacht haben?«, jammerte ich.

»Das frage ich dich! Ich kann einfach nicht glauben, was Frau Schwarz mir eben erzählt hat!«

Irgendwo in meinem Kopf waberte eine Erinnerung, doch es wurde kein klares Bild daraus.

Merles Mutter? Hätten nicht Luisas Eltern anrufen müssen?

»Was ist denn hier los?« Jetzt hatte auch meine Mutter die Treppe bewältigt. Mit großen Augen sah sie zwischen meinem Vater und mir hin und her. »Warum regst du dich so auf, Erwin?«

»Soll ich mich etwa nicht aufregen, wenn unsere Tochter eine Freundin bewusstlos auf der Straße liegen lässt?«

Auf Mamas Stirn erschien ein riesiges Fragezeichen.

»Ja! Du hast schon richtig gehört!« Mein Vater war um die Nase herum ganz weiß geworden. »Luisa hätte sonst was passieren können in diesem Zustand! Sie hätte vergewaltigt werden können, an Erbrochenem ersticken ...«

»Vivi und die Jungs ...«

Mein Vater ließ mich gar nicht zu Wort kommen. »Nicht so, mein Fräulein! Wir reden jetzt nicht von Vivien oder irgendwelchen Jungs! Wir reden davon, dass du eine Freundin im Stich gelassen hast, nur damit wir nicht erfahren, dass du betrunken warst!« Langsam ging ihm der Schwung aus. Er sank auf meine Couch, stützte die Ellbogen auf die Knie und schüttelte den Kopf. »Völlig betrunken ...«

»Aber das kann doch mal vorkommen, Erwin«, versuchte meine Mutter ihn zu besänftigen. »Gerade wenn man jung ist ...«

»Wirklich, Petra, wenn ich dich so reden höre, wundert mich nichts mehr!« Mit einem Satz war mein Vater wieder auf den Füßen, stürmte aus dem Zimmer und knallte die Tür hinter sich zu.

Stöhnend sank ich zurück ins Kissen.

26

Wenn dies ein Film wäre, dann wäre jetzt alles gut. Ich würde anfangen, in dem, was mir passiert ist, einen Sinn zu suchen, ein Zeichen des Schicksals. Ich wäre überzeugt davon, dass mir eine höhere Macht meine Lebensaufgabe offenbaren wollte und sich dabei etwas undeutlich ausgedrückt hat.

Aber dies ist kein Film. Ich will keine Lebensaufgabe entdecken. Ich will mein Leben zurückhaben. Ein Leben mit Freunden und Partys und Spaß. Ein Leben, das nicht bestimmt wird von diesem Schildkrötenpanzer, in dem ich feststecke. Ich will ins Schwimmbad gehen und in der Sonne liegen, bis ich so braun bin wie Merle. Die Jungs sollen mir nachsehen, weil der Streifen Haut zwischen meinem Top und den Jeans sexy ist, nicht weil ich mit meiner Kopfbandage aussehe wie eine Leiche. Ich will Schlittschuh laufen, bis mein Gesicht fast erfroren ist. Und dann will ich ins Warme kommen und spüren, wie meine Haut prickelt und heiß wird, wenn

Nase und Ohren, Finger und Zehen langsam wieder auftauen.

Aber was ich will, interessiert den Regisseur nicht.

Im Film wäre das vielleicht zu ertragen, denn da wäre die Geschichte nach zwei Stunden vorbei.

Natürlich gehe ich nun doch ins Kurmittelhaus zur Narbenmassage und zur Physiotherapie. Ich habe panische Angst, dass die transplantierte Haut anfangen könnte zu schrumpfen. Wie schnell Narben anfangen zu wuchern, habe ich ja schon gesehen. Damit das nie wieder passiert, quäle ich mich von Neuem in meine Zwangsjacke. Und ich lege die Kopfbandage an, obwohl Mias Friseurin mir einen tollen Haarschnitt verpasst hat.

Allerdings gönne ich mir jetzt einmal am Tag eine Auszeit.

Das war Mias Idee.

Mittags lege ich die Kompressionskleidung für eine Stunde ab. Auch Manuela, die Therapeutin, ist der Meinung, dass eine Stunde ohne Kompression besser sei, als ein Leben mit Depressionen. Überhaupt ist diese Manuela nicht verkehrt. Ihre Massagen tun längst nicht so weh wie die von Frau Riedel. Manchmal fühle ich mich hinterher richtig gut.

Nur Sonne vertragen die Narben nach wie vor nicht. Damit ich trotzdem in meiner »Mittagspause«

hinaus kann, hat Mia über einen Bekannten einen ausgedienten Strandkorb beschafft. Ein von Sonne, Salz und Wind gebleichtes Original, dessen grünweiße Streifenpolster von unzähligen Urlauberhintern abgewetzt worden sind. Mit einer Decke und ein paar Kissen ist er immer noch richtig gemütlich. Und Mia kann ihn so drehen, dass ich die Sonne immer im Rücken habe.

So verbringe ich also mittags eine kompressionsfreie Stunde lesend an der guten Nordseeluft. Manchmal fühle ich mich dabei fast wie früher in den Ferien. Nur meine Mutter fehlt, um das trügerische Bild komplett zu machen.

Wir haben inzwischen einmal miteinander telefoniert und mein Vater hat *ganz liebe Grüße* von ihr ausgerichtet, als er wie versprochen meine Sachen brachte. Trotzdem schiebe ich den Gedanken an zu Hause weit von mir.

Wieder einmal sitze ich wie eine Schwindsüchtige in Decken gehüllt im Strandkorb und lese ein Buch von Mia, in dem es um *Loslassen* geht, als ganz in der Nähe der Rasenmäher anfängt zu knattern. Sofort sendet mein Körper Fluchtsignale, will, dass ich aufspringe und mich ins Haus verziehe. Mein Kopf allerdings erinnert sich daran, dass Ole total nett war. Und mein Verstand sagt mir, dass es nicht wirklich einen Unterschied macht, ob die Menschen meine Kopfbandage anstarren oder meine Narben sehen.

Es ist sowieso schon zu spät, um zu verschwinden. Eben schiebt Ole den Rasenmäher um die Ecke, direkt auf den Strandkorb zu.

Ich wünschte, ich hätte wenigstens einen Rollkragenpullover an, nicht dieses kurzärmlige T-Shirt, das den Blick freigibt auf meinen ekligen Hals und meine vernarbten Schlüsselbeine. Ich verfluche kurz Mia und ihren Frischluftfanatismus und dann schaltet Ole auch schon den Rasenmäher aus.

»Hi«, sagt er und setzt sich zwei Meter vom Strandkorb entfernt ins Gras. Ich komme mir vor wie ein scheues Pferd in irgend so einem dämlichen Film. Es fehlt nur noch, dass Ole die Hand ausstreckt, damit ich mich vorsichtig nähern und daran schnuppern kann.

»Tolles Wetter, oder?«

Ich nicke.

»Ist dir kalt?«

Er muss scharfe Augen haben. Ich selbst merke erst jetzt, dass meine Arme dick von Gänsehaut überzogen sind. Ich schüttle den Kopf.

»Dein Unfall ...«, sagt er zögernd, »... hat der was mit ... Feuer ... zu tun gehabt?«

Meine Mutter hat irgendwann gesagt, es sei normal, dass die Leute wissen wollten, was mit mir passiert ist. Also nicke ich.

Es sieht aus, als würden in Oles hellblauen Augen dunkle Wolken aufziehen.

»Ich glaube«, sagt er leise, »das ist so ziemlich das Schlimmste, was einem passieren kann, oder?«

Ich zucke die Schultern. Es ist auf jeden Fall das Schlimmste, was mir je passiert ist.

»Bist du sicher, dass der Schock dich nicht doch zeitweise stumm gemacht hat?«

Die Wolken ziehen weiter und Oles Blick wird wieder hell. Er lächelt.

»Ziemlich sicher«, sage ich und muss mitlächeln.

»Ich muss dich jetzt leider vertreiben«, sagt er da, steht auf und kommt näher. »Wenn ich um den Strandkorb herummähe, kriege ich Ärger mit Maria.«

»Das möchte ich auf keinen Fall«, sage ich und meine Stimme klingt fast so locker, wie ich es gern hätte.

Ich packe meine Sachen zusammen und gehe mit weichen Knien ins Haus.

27

Ich war wütend auf Merle. Noch nie in meinem Leben war ich so wütend auf sie gewesen. Irgendwo ganz tief in mir drin flüsterte zwar eine kleine Stimme, dass Merle genau das Richtige getan hatte, doch diese Stimme wurde spielend leicht übertönt von der Wut darüber, dass ich bis zu den Ferien Ausgehverbot hatte.

Deswegen stürmte ich am Montagmorgen ins Klassenzimmer und wollte Merle gründlich die Meinung sagen, doch mein Schwung wurde abrupt gebremst. Der Platz neben meinem war leer. Ich wirbelte herum und entdeckte Merle in der ersten Reihe. Neben Susanna. Ausgerechnet neben Susanna! Die saß seit der fünften Klasse allein, weil sich niemand mit einer fetten Langweilerin wie ihr abgeben wollte.

In diesem Augenblick flog die Tür des Klassenzimmers erneut auf und Vivien rauschte herein. Ihre roten Locken sprühten regelrecht Funken. Anders als ich registrierte sie Merles Platzwechsel sofort und baute sich vor ihrem Tisch auf.

»Spinnst du?«, schrie sie.

Susanna sank in sich zusammen und an den Tischen ringsum verstummten die Gespräche.

»Ich?«, fragte Merle. Ihre hellen Augenbrauen verschwanden fast unter ihrem Pony.

»Ja, du! Wie kommst du dazu, deine Mutter auf meine Eltern zu hetzen?«

Merle lachte spöttisch. »Dachtest du, ich wollte mir euretwegen Hausarrest einhandeln? Ich bin eine Stunde nach meiner Mutter nach Hause gekommen! Da hat sie natürlich gefragt, wo ich so lange war!«

»Aber deswegen braucht deine Mutter doch nicht bei meinen Eltern anzurufen und ihnen irgendwelche Schauermärchen zu erzählen!«

»Ich glaube nicht, dass meine Mutter Märchen erzählt hat«, sagte Merle, kühl wie eine Eisprinzessin.

»Und was sollte der Quatsch von wegen unterlassener Hilfeleistung?«

»Hast du Luisa etwa geholfen?« Merles Augenbrauen mussten inzwischen auf ihrem Hinterkopf angekommen sein.

»Weißt du, dass ich wegen deiner Mutter bis zu den Sommerferien nicht mehr ausgehen darf?« Jetzt klang Vivien plötzlich, als würde sie jeden Moment in Tränen ausbrechen.

»Wegen meiner Mutter? – Doch wohl eher, weil du stockbesoffen warst …«

»Wirklich 2,1 Promille?«, fragte in diesem Moment eine ungläubige Jungenstimme draußen auf dem Gang.

»Klar. – Glaubst du etwa, ich lüge euch an?« Lachend betrat Luisa mit Dennis und Phil im Schlepptau das Klassenzimmer.

»Ach, meine Lebensretterin ist auch schon da«, stellte sie fest und baute sich neben Vivien auf. »Ich sollte mich wohl bei dir bedanken.«

Susanna verschwand fast unter der Bank, doch Merle lehnte sich in ihrem Stuhl zurück, verschränkte die Arme und starrte Luisa herausfordernd an. »Das solltest du wohl. Warum habe ich bloß das Gefühl, dass du's nicht tun wirst?«

»Weil du genau weißt, dass ich Schein-Heilige einfach widerlich finde«, zischte Luisa.

»Herrschaften! Es hat längst zum Unterricht geläutet!« Frau Reinwald, unsere Biologielehrerin, knallte ihre Tasche aufs Lehrerpult und klatschte in die Hände. »Setzt euch bitte, aber ein bisschen flott!«

Vivien und ich beeilten uns, auf unsere Plätze zu kommen, während Luisa betont gelangweilt in die letzte Reihe schlenderte.

28

Durch das offene Fenster höre ich Stimmen. Der Wecker neben meinem Bett zeigt halb acht. Um diese Zeit rühren sich hier normalerweise nur die Spatzen. Frühestens in einer Viertelstunde sollten drei wohltönende »Om« anzeigen, dass Mia ihre morgendliche Meditationssitzung beendet hat.

Neugierig stehe ich auf und gehe zum Fenster. Mitten im Hof parkt ein Auto. Unser Auto! Eben steigt meine Mutter aus und streckt sich.

Ich versuche den Kloß hinunterzuschlucken, der sich plötzlich in meiner Kehle breitmacht. Warum hat Mia mir nicht gesagt, dass sie genug von mir hat? Dass ich nach Hause soll?

Eben kommt sie aus dem Haus. Barfuß, noch in dem Chinesenanzug, den sie zum Meditieren trägt. Von hier oben bemerke ich zum ersten Mal, wie viele graue Strähnen sich durch ihre dunklen Haare ziehen. Neben Mia sieht meine Mutter mit ihren schimmernden Locken, den hochhackigen Sandalen und den schmalen Jeans fast wie ein junges Mädchen aus.

»Schön, dass ihr schon da seid«, sagt Mia. »Kommt herein. Ich wollte gerade Frühstück machen.«

Mein Vater geht noch einmal zum Auto und holt eine Mappe heraus, dann verschwinden alle drei aus meinem Blickfeld.

»Anna! Wir haben Besuch!«

Zögernd öffne ich meine Zimmertür. Mir ist zum Heulen, obwohl ich Mia sogar verstehen kann. Sicher sehnt sie sich nach ihrer Arbeit, den Ausstellungen, ihren Freunden. Wenn sie mich nur gewarnt hätte!

Als ich die Küche betrete, springt meine Mutter auf und umarmt mich. Ich werde ganz starr und sie lässt mich sofort wieder los.

»Was macht ihr denn hier?«, frage ich.

»Dein Vater hatte ein paar Termine hier oben und weil mich ja zu Hause niemand braucht, bin ich einfach mitgefahren.«

Meine Mutter sieht fast glücklich aus. »Stell dir vor«, sagt sie, »gestern waren wir in Hamburg und da hat er tatsächlich Karten für *Dirty Dancing* aus dem Hut gezaubert!«

»Ihr wart im Kino?«

»Anna!« Meine Mutter verpasst mir einen Nasenstüber. »Musicalkarten!«

Kann es wirklich sein, dass sie nur einen Abstecher hierher gemacht haben, um mich zu sehen? Ich bleibe auf der Hut.

»Warum seid ihr schon so früh unterwegs?«, will ich wissen.

»Du kennst doch deinen Vater. Er musste unbedingt aus Hamburg raus, bevor der Berufsverkehr losging.«

»Aber nur, weil deine Mutter ungeduldig wird, sobald sie länger als zwei Ampelschaltungen irgendwo stehen muss.«

Die aufgesetzte Fröhlichkeit der beiden lässt mich an Laienschauspieler denken, die ihren Text nicht richtig beherrschen. Ich bin plötzlich sicher, dass sie mir etwas verheimlichen. Aber was?

29

»Wirklich 2,1 Promille?«

Wir standen im Pausenhof zusammen und Luisa sonnte sich in ihrem Ruhm. »Das war Freitagnacht Rekord unter achtzehn«, bestätigte sie.

Marcel pfiff durch die Zähne. »Das Beste, was ich mal hatte, waren 1,9.«

»Du hattest 1,6 und konntest bloß oben und unten nicht mehr unterscheiden«, feixte Dennis.

»Pumpen sie dir auf so einer Entgiftungsstation eigentlich den Magen aus?«, wollte Vivien wissen.

»Nee«, erklärte Luisa fachmännisch, »dazu ist es dann schon zu spät. Du kriegst einfach eine Infusion und fertig. Außerdem kommt ständig jemand vorbei, um nachzusehen, ob alles in Ordnung ist.«

»Mehr nicht?«, staunte Phil. »Das hab ich mir viel schlimmer vorgestellt.«

Luisa winkte ab. »Das einzig Blöde ist, dass man da nicht schlafen kann, weil ständig neue Leute eingeliefert werden. Einer war dabei, der wollte nicht liegen bleiben. Den haben sie dann irgendwann ans Bett gefesselt.«

»Fixiert heißt das«, ließ Marcel sich vernehmen.

»Möchtest du vielleicht weitererzählen?«, fragte Luisa schnippisch. »Jedenfalls musste dieser Typ ständig kotzen und weil er *fixiert* war, ging das natürlich ...«

»Bäh!«, quiekte Vivien.

»Hattest du am nächsten Tag eigentlich auch so tierische Kopfschmerzen?« Ich dachte mit Grausen an meinen eigenen Brummschädel.

»Halb so wild«, gab Luisa lässig zurück. »Ich glaube fast, die haben irgendwas in die Infusion getan.«

»Und was haben deine Eltern dazu gesagt?«, erkundigte sich Dennis.

»Mein Vater war nicht da, als die vom Krankenhaus angerufen haben. Und als meine Mutter mich abgeholt hat, war zum Glück gerade ziemlich viel los. Sonst hätte vielleicht noch ein Arzt mit ihr geredet. Aber so habe ich ihr erklärt, dass ich eigentlich gar nicht viel getrunken hatte. Dass es bestimmt irgendwie mit meinem Bio-Rhythmus zusammenhing, dass ich so fertig war.«

»Bio-Rhythmus?« Phil lachte laut auf. »Ich hätte geschworen, dass es an der dritten schwarzen Maß lag.«

»Wie lange hast du eigentlich Ausgehverbot?«, wollte ich jetzt wissen.

»Ausgehverbot?« Luisa riss die Augen auf. »Wieso Ausgehverbot?«

»Na wegen ...« Ich erzählte ihr mit knappen Worten von den Anrufen, die Merles Mutter gemacht hatte.

»Im Ernst?«, fragte Luisa ungläubig.

»Im Ernst.« Vivi nickte bestätigend.

»Das wird ihr leidtun! Das wird ihr noch richtig leidtun!« Luisa fingerte an den Verschlüssen ihrer Ohrringe herum. »Ich weiß gar nicht, warum ich die überhaupt noch trage!« Sie riss sich die Stecker heraus und zerrieb die zarten Schmetterlinge unter ihrem Absatz.

Die Jungs verzogen sich.

»Recht hast du!« Vivien machte es Luisa nach und zertrat ihre Schmetterlingsohrringe ebenfalls.

»Aber irgendwie hat Merle es doch gut gemeint«, wandte ich ein. »Wer weiß, was passiert wäre, wenn sie nicht den Krankenwagen gerufen hätte.«

»Nichts wäre passiert«, sagte Luisa. »Da waren so viele Leute unterwegs ... Spätestens nach zehn Minuten hätte mich jemand gefunden. – Und eure Eltern anzurufen, war ja nun wirklich das Allerletzte!

»Das war doch gar nicht Merle!«, erinnerte ich sie.

»Aber sie war es, die ihrer Mutter unbedingt alles erzählen musste! Ist dir eigentlich klar, dass das Open Air im Grund und die nächste Kirchweih ohne dich stattfinden?«

Ich war so erschrocken über Luisas Ausbruch, dass ich gar nicht mehr daran dachte, wie wütend ich selbst auf Merle gewesen war. »Na ja«, sagte ich, »wir hatten doch wirklich alle zu viel getrunken … Mein Vater hätte auch ohne den Anruf von Merles Mutter getobt …«

»Ohne den Anruf von Merles Mutter hätte er gar nichts gemerkt!«, stellte Vivien fest. »Und meine Eltern auch nicht! Ich finde, Luisa hat recht. Was Merle gemacht hat, war das Letzte! Das können wir ihr nicht durchgehen lassen. Ich werde jedenfalls kein Wort mehr mit ihr reden.«

30

Mia scheint zu merken, wie nervös ich bin. Sie sagt: »Wir sollten das am besten gleich hinter uns bringen.«

»Meint ihr wirklich?« Mein Vater sieht zweifelnd von Mia zu meiner Mutter und wieder zurück.

»Ja, Erwin«, sagt meine Mutter ungewohnt sanft. »Es hilft. Glaub mir.«

Wovon sprechen sie bloß?

»Setz dich, Anna«, sagt Mia.

Meine Knie geben nach und ich sinke auf die Eckbank. Mein Vater greift nach der Mappe, die er aus dem Auto mitgebracht hat. Seine Hände zittern, als er einige großformatige Fotos herausholt und sie wie ein Kartenspiel auf dem Küchentisch ausbreitet.

Mia wird ein wenig grün im Gesicht und ich schnappe nach Luft.

»Wer ist das?«, fragt eine Stimme, die ich noch nie gehört habe.

»Aber Anna …«, sagt meine Mutter.

Was soll das? Warum zeigen sie mir das? Ein paar Brüste. Klein und weiß. Ganz normal. Nicht normal ist die Spur, die sich dazwischen eingegraben hat.

Rot, blasig, feucht. Eklig.

Ich will das nicht! Ich will da nicht hinsehen! Will wegsehen von diesem Horror aus Fleisch und Haut und – ja was? Knochen? Trotzdem wandern meine Augen wie hypnotisiert zum nächsten Bild. Und zum übernächsten. Soll das ein Bauch sein? Kann das ein Bauch sein? Was sind das für weiße Flecken in all diesem grauenhaften Rot?

Und was wimmert hier so? Warum sitzen sie einfach da und tun nichts dagegen? Warum starren sie mich an? Warum muss mein Vater immer noch mehr Bilder auf dem Tisch verteilen?

War das einmal ein Hals? Ein Kinn? Was sind das für widerliche feuchte Flecken? Und woher kommen diese trockenen, aufgeplatzten Stellen?

Wer macht so etwas?

Wer macht solche Fotos?

Wenn wenigstens das Wimmern endlich aufhören würde!

Wieso sehen die Wangen auf diesen Bildern immer noch so zart aus? Zart und ein bisschen sommersprossig? Und die Nase … Kurz und schmal mit einem Hauch von Sonnenbrand …

Meine Augen kleben am letzten Bild.

»Nehmt das weg!«, will ich schreien, doch nur ein Krächzen kommt aus meiner Kehle.

Mia, mein Vater und meine Mutter sitzen einfach da. Sitzen da und starren mich an wie ein seltenes Insekt. Wie einen aufgespießten Schmetterling.

Wie die Schmetterlinge auf dem letzten Foto.

Filigrane silberne Geschöpfe, die an feinen Kettchen von einem unversehrten Ohrläppchen schweben.

31

Luisa und Vivien kamen nicht dazu, Merle zu schneiden, und ich konnte nicht mehr überlegen, auf wessen Seite ich eigentlich stand, denn am nächsten Morgen war sie weg. Der Platz an meiner Seite blieb leer und der neben Susanna ebenfalls.

Als Merle mir erzählt hatte, sie würde mit ihrer Mutter nach New York gehen, hatte ich angenommen, dass sie in den Sommerferien abreisen würden. Offenbar hatte ich mich getäuscht.

Ich kam nicht einmal mehr dazu, mich von ihr zu verabschieden, denn als ich drei Tage später endlich den Mut hatte, bei ihr zu klingeln, öffnete niemand mehr. Irgendwann war es dann auch zu spät, einfach eine E-Mail zu schreiben.

Leichter war es, mit Vivien und Luisa über den verdorbenen Sommer zu schimpfen und auf das Ende unseres Ausgehverbots zu warten.

32

»Das kann nicht … Das bin nicht …«

Das Wimmern schwillt an zu einem Heulen, von dem mir übel wird.

»Doch«, sagt Mia leise, »das bist du, Anna. Bei der Einlieferung in die Notaufnahme.«

Mein Vater ist blass geworden. Rasch sammelt er die Fotos ein, als könne er damit irgendetwas ungeschehen machen.

»Ich denke, das reicht«, sagt er.

»Nein«, sagt meine Mutter. »Das reicht nicht, Erwin. Das Wichtigste fehlt noch.«

Mia hält mich fest. So fest, dass ich spüre, wie sie selbst am ganzen Körper bebt.

»Ich will nicht mehr«, sage ich mit zittriger Stimme. »Bitte lasst mich doch in Ruhe. Bitte!«

»Wir sind ja fast fertig«, sagt Mia beruhigend.

»Das hier solltest du dir auf jeden Fall noch ansehen«, sagt meine Mutter.

Bevor ich mich losreißen, aufspringen, davonlaufen kann, breitet mein Vater noch einen Satz Fotos auf dem Küchentisch aus.

»Das bist du bei der Entlassung aus dem Krankenhaus«, erklärt er.

Ein Flickenteppich in Rottönen. Etwas, das an einen Pavianhintern erinnert, aber nicht aussieht wie ein Bauch. Nicht einmal wie mein Bauch.

Warum ist mir nicht aufgefallen, wie sehr sich die transplantierte Haut in den letzten Monaten verändert hat? Warum habe ich nicht gesehen, wie viel heller die Narben inzwischen geworden sind? Ich wusste nicht mehr, wie grässlich mein Hals und mein Oberkörper einmal ausgesehen haben. Im Vergleich dazu sind die Narben heute geradezu schönheitskonkurrenztauglich.

Ich schlucke und nehme ein Foto nach dem anderen in die Hand. Ich spüre plötzlich wieder die Schmerzen von damals. Das Jucken, das Brennen, das Nässen. Den Ekel vor mir selbst.

Zum ersten Mal wird mir klar, wie viel besser es mir heute geht.

Meine Mutter beobachtet mich aufmerksam. Als ich schließlich beim letzten Foto ankomme, sagt sie: »So ist es mir auch gegangen, Anna. Ich hatte verdrängt, wie grässlich das alles war. Aber viel schlimmer ist, dass ich nicht mehr daran gedacht habe, wie froh ich sein muss, dass du überhaupt noch lebst. Ich hatte nur ständig vor Augen, was für ein hübsches Mädchen du einmal warst. Und ich wollte unbedingt, dass du wieder so aussiehst wie vor dem Unfall.«

Sie räuspert sich. »Nicht meinetwegen … Doch … auch meinetwegen … Ich habe mich immer noch nicht daran gewöhnt, dass du so – anders – aussiehst. Aber vor allem tut es mir für dich weh … Ich stelle mir das alles so entsetzlich schwer vor … Und ich habe jetzt von einer Methode gehört, mit der man …«

»Petra!«, fährt Mia dazwischen.

»Nicht wegen des Aussehens!«, beeilt sich meine Mutter zu sagen. »Wegen des … Wohlbefindens! Wenn die Narben elastisch sind und die transplantierte Haut weich ist, dann tut das Anna doch gut … Von späteren Korrekturen mal ganz abgesehen …«

»Petra!«

Meine Mutter lässt sich nicht beirren.

»Nach allem, was ich gehört habe, muss diese UVM-Massage auch viel angenehmer sein als die klassische Narbenmassage. Und ich habe tatsächlich schon jemanden gefunden, der sich damit auskennt. Wir müssten zwar ein ganzes Stück fahren und die Kasse übernimmt auch die Kosten nicht, aber …«

Ich fröstele.

»Ich bin noch nicht so weit«, sage ich. »Ich weiß, dass du es gut meinst, aber wenn es ihr recht ist, möchte ich gerne noch bei Mia bleiben.«

33

»Moin Moin!«

Es ist später Nachmittag. Ich habe mich immer noch nicht daran gewöhnt, dass sich die Leute hier zu jeder Tageszeit mit *Moin* begrüßen. Und ich habe nicht damit gerechnet, dass Ole kommen könnte, sonst hätte ich mich niemals in Kompressionskleidung hinausgesetzt. Wie nicht anders zu erwarten, starrt er mich mit offenem Mund an.

»Was ist *das* denn?«

»Was?«, frage ich, obwohl ich genau weiß, was er meint.

»Das.«

Er streckt eine Hand aus und streicht über meinen Kopf.

Das wäre ein Fall für meine Mutter. Ganz locker mit solchen Fragen umgehen. Ha! Ich würde sie jetzt gern an meiner Stelle sehen.

»Das ist eine Kopfbandage«, erkläre ich patzig. »Damit die Narben nicht wuchern.«

»Darf ich mal anfassen?«

Hat er doch schon …

»Meinetwegen.«

Ole tippt vorsichtig auf mein Kinn, runzelt verblüfft die Stirn, fährt mit dem Zeigefinger meinen Unterkiefer entlang.

»Das ist aber kein Knochen, oder?«

»Nein«, sage ich, »das ist eine Silikoneinlage. Die soll dafür sorgen, dass die Narben weich bleiben.«

Ole schiebt ganz sachte einen Daumen unter die Bandage.

»Meine Güte, sitzt die eng«, sagt er. »Ist das nicht lästig?«

»Und wie«, sage ich. »Aber man gewöhnt sich daran.«

Und als ich das sage, merke ich, dass es stimmt. Dass die Kopfbandage und die Kompressionsjacke mich zwar immer noch stören, aber dass ich mich tatsächlich an sie gewöhnt habe.

In dieser Nacht meine ich immer wieder, Stimmen im Haus zu hören. Lachen. Musik. Als mich schließlich kurz nach Sonnenaufgang die Vögel in der Fliederhecke mit ihrem Gezwitscher wecken, wird schwungvoll die Haustür geöffnet.

Seit wann ist Mia so früh auf den Beinen? Neugierig stehe ich auf und gehe zum Fenster.

Meine Tante und der Professor stehen eng umschlungen in der Morgensonne und küssen sich, als sollten sie sich nie wiedersehen. Lange stehen sie so da, dann macht Mia sich sachte los und tritt einen Schritt zurück. Der Professor sieht sie wehmütig an, dreht sich um und steigt in sein Auto.

Mia winkt ihm nach, bis er nicht mehr zu sehen ist, dann geht sie langsam zurück ins Haus.

Als ich eine Stunde später herunterkomme, sitzt Mia mit einem Becher Kaffee in der Hand auf der Stufe des Kücheneingangs und guckt über die Wiesen.

»Du bist ja früh auf«, sagt sie.

»Du aber auch.«

Ich setze mich neben sie. Die steinerne Stufe ist schon warm von der Sonne. Lange kann ich hier nicht sitzen bleiben, denn ich habe die Kopfbandage noch nicht angelegt. Ich wollte meine Haare nach dem Duschen an der Luft trocknen lassen.

Aber ich muss ja auch nicht lange hier sitzen. Ich muss nur sagen, was ich zu sagen habe. Die Minuten verstreichen. Wortlos sitzen Mia und ich da. Jede in ihre Gedanken versunken.

»Ich hab's mir überlegt«, sage ich irgendwann leise. »Ich sollte langsam wieder nach Hause.«

Mia sieht mich an.

»So plötzlich?«

»Hm. Früher oder später muss es doch sowieso sein.«

»Dann warte wenigstens bis nach dem Deichfest«, sagt Mia.

»Deichfest?«

»Klar. Da kommt das ganze Dorf hin und sämtliche Touristen. Es wird getanzt bis in den frühen Morgen.«

»Das ist nichts für mich.«

»Erzähl mir nichts«, sagt Mia. »Ich weiß genau, wie gerne du immer getanzt hast.«

»Richtig«, will ich sagen. »›Hast‹. Vergangenheit«, doch Mia lässt mich nicht zu Wort kommen.

»Wenn du wirklich meinst, dass du nach Hause zurückmusst«, sagt sie, »dann will ich wenigstens mit dir feiern, dass du hier warst.«

Wieder schweigen wir, beobachten einen einsamen Reiter, der über die Wiesen zum Deich galoppiert.

»Ich glaube, ich muss rein«, sage ich schließlich. »Die Sonne ...«

»Bevor du abreist«, sagt Mia, als ich aufstehe, »möchte ich noch etwas mit dir erledigen.«

34

»Nein«, sagte mein Vater.

»Aber alle anderen gehen auch!«, rief ich. »Die ganze Klasse geht!«

Bis auf Susanna vielleicht. Und Ramón und Michael. Und noch ein, zwei Spaßbremsen.

»Du hast bis Ende Juli Ausgehverbot«, wiederholte mein Vater unbeeindruckt.

»Vivi doch auch! – Bis zu den Ferien! Und die fangen am Freitag an!«

»Freitag ist der 27. Juli«, sagte mein Vater, als sei ich geistig minderbemittelt. »Der Monat endet am 31.«

Meine Mutter sah von ihrer Modezeitschrift hoch. »Nun sei doch nicht so, Erwin«, sagte sie. »Wer weiß, wie lange das schöne Wetter noch anhält. Letztes Jahr hat es die ganzen Ferien nur geregnet. – Gönn ihr doch wenigstens am letzten Schultag den Spaß.«

Mein Vater runzelte die Stirn. »Anna hat Ausgehverbot bis Ende Juli!« Langsam kam er mir vor wie ein Roboter mit sehr beschränktem Wortschatz.

»Ich finde, du bist viel zu streng«, sagte meine Mutter. »*Ende Juli* ist nun wirklich ein dehnbarer Begriff.«

Mein Vater lief knallrot an, sprang auf und durchquerte mit Riesenschritten unseren kleinen Garten. Er verschwand im Gerätehäuschen, tauchte wenige Augenblicke später mit dem Handrasenmäher wieder auf und schob ihn zornbebend auf unserem Handtuchrasen hin und her.

»Fünf Minuten noch«, lachte meine Mutter leise, »dann hat er sich wieder beruhigt. – Natürlich darfst du zur School's out-Party an den Baggersee, Anna.«

35

»Feierabend!« Grinsend lässt Ole sich neben mir im Strandkorb nieder, holt ein Päckchen Zigaretten aus seiner Hemdtasche und zündet sich eine an.

Ich lege mein Buch beiseite und beobachte ihn. Neben Ole bin ich inzwischen fast so ruhig wie neben Mia. Der Pferdeflüsterer hat sein Ziel erreicht.

»Maria sagt, du würdest bald nach Hause fahren?«

»Hm.«

»Ich wollte dich fragen ... In zehn Tagen ist hier Deichfest. Das ist was für Touristen und Einheimische. Wir wären also das ideale Paar.«

Soll das eine Einladung sein oder ...? Mir kommt ein schrecklicher Verdacht.

»Hat Mia dich auf mich angesetzt?«

Ole sieht so erstaunt aus, dass ich die Idee sofort wieder verwerfe.

»Wie kommst du denn darauf?– Ich möchte einfach nicht allein gehen und Marleen kommt erst in vier Wochen wieder.«

»Marleen?«

»Meine Freundin. Die ist im Moment zu einem Austauschjahr in Neuseeland. In vier Wochen kommt sie endlich zurück. Ich dachte eben … na ja … Ich tanze gern. Und du vielleicht auch. Die machen wirklich ganz gute Musik da am Deich …«

Warum eigentlich nicht?, denke ich. Es ist eine Ewigkeit her, dass ich getanzt habe. Was macht es schon, dass Ole eine Freundin hat? Er ist nett und er ist der erste Junge, der mich jemals zu einem Fest eingeladen hat.

36

»Meine Güte, ist hier was los«, staunte Mama, als sie auf den Baggersee-Parkplatz einbog.

»Hab ich doch gesagt! Die ganze Schule ist hier!«

»So was gab es zu meiner Zeit nicht«, seufzte meine Mutter. »Ihr habt es vielleicht gut ...«

»Wissen wir.« Luisa griff nach ihrer vollgepackten Strandtasche. »Und wir sind täglich dankbar dafür.«

»Na, dann ist ja alles gut«, lachte meine Mutter. »Wie kommt ihr eigentlich nach Hause?«

»Mein Bruder holt uns ab«, erklärte Luisa.

»Wie schön, dass der sich in den Semesterferien immer noch hier sehen lässt. – Dann also viel Spaß!« Meine Mutter wendete schwungvoll den Wagen, winkte uns noch einmal zu und verschwand in einer Staubwolke.

»Wenn es bloß nicht so weit wäre bis zum See«, stöhnte Vivien.

»Wenn bloß die Taschen nicht so schwer wären«, grinste ich.

»Und wenn bloß die Sonne nicht so heiß schiene«, ergänzte Luisa augenrollend.

»Ihr seid manchmal richtig blöd.« Vivien schob den riesigen Wanderrucksack ihres Vaters auf dem Rücken zurecht und reihte sich schmollend in die Prozession zum See ein. Volle Bierkästen und Kisten mit Cola wurden über den schmalen Waldweg geschleppt, Leiterwagen mit Kühlboxen und Grills vorsichtig durch Schlaglöcher und über Wurzeln manövriert. Bis zur Senke, auf deren Grund der Baggersee lag, brauchten wir fast zehn Minuten. Noch waren hier ältere Leute und Familien mit Kindern in der Überzahl, doch *die Düne* befand sich bereits fest in Schülerhand. Die ersten Grills rauchten und dort, wo der sandige Hang flach auslief, war unter Geschrei und Gelächter eine Partie Volleyball in Gang.

»Das sind unsere!«, rief ich und Vivien kicherte: »Ja, Marcels Aufschlag ist unverkennbar.«

»Na dann zeigt mal, ob ihr noch einen Endspurt draufhabt«, sagte Luisa gut gelaunt und schulterte zum letzten Mal ihre Tasche.

37

Mit dem Argument, dass wir uns zum Deichfest etwas zum Anziehen kaufen müssten, lockt Mia mich in die »Stadt«. Eigentlich ist es nur ein Städtchen, aber immerhin gibt es dort eine Fußgängerzone.

Wir parken in der Nähe des Marktplatzes und Mia lacht mich aus, als ich mich vom Rücksitz quäle. Ihre Klapperkiste ist so eng, dass mir die Beine eingeschlafen sind, aber das ist immer noch besser, als vorne zu sitzen.

Wir schlendern über den Marktplatz und als wir die Fußgängerzone erreichen, steuert Mia zielstrebig ein Sanitätshaus an.

»Brauchst du Gummistrümpfe zum Tanzen?« Ich muss grinsen und folge ihr bereitwillig in den Laden.

Sofort kommt eine ältere Verkäuferin auf uns zu.

»Sie müssen Frau Dierks sein.«

»Ja«, bestätigt Mia. »Wir hatten telefoniert.«

»Ich habe schon alles vorbereitet«, sagt die Verkäuferin. »Wenn sie mir folgen wollen …«

Sie macht eine einladende Handbewegung.

»Was hat sie vorbereitet?«, raune ich Mia zu.

»Wie ich meine Schwester kenne«, raunt die zurück, »wird sie dich weiter in diesem grässlichen blauen Kompressionszeug herumlaufen lassen. Dagegen muss ich unbedingt etwas unternehmen.«

»Aber …«

»Kein *Aber*«, sagt Mia. »Das ist mein Abschiedsgeschenk.«

Meine Mundwinkel wollen zu meinen Ohren, als ich mir das Gesicht meiner Mutter vorstelle.

»Hier können wir in aller Ruhe anmessen«, sagt die Verkäuferin und öffnet einen Vorhang.

»Mama wird ausrasten, wenn ich in Schwarz ankomme«, sage ich, schiebe mir einen großen Löffel Eis in den Mund und versuche die Blicke von den Nebentischen zu ignorieren.

»Glaube ich nicht«, sagt Mia. »Du wirst in Schwarz so gut aussehen, dass es sogar Petra auffällt.«

Ich rühre in meinem Eisbecher herum, damit ich die Leute rechts und links von uns nicht ansehen muss. Ob ich mich daran jemals gewöhnen werde? An diese neugierigen, mitleidigen, rasch abgewandten Blicke?

»Schön, dass es mindestens zwei Wochen dauert, bis die Sachen fertig sind«, unterbricht Mia meine

Gedanken. »So habe ich dich noch ein paar Tage länger bei mir.«

»Was für ein billiger Trick!«, sage ich.

»Billig?«, lacht Mia. »Billig würde ich das nicht gerade nennen. Aber du bist es mir wert. Und jetzt iss dein Eis auf, wir haben noch einiges vor.«

Sie öffnet die Tür zu einem exklusiven Kosmetikstudio und ein Duftschwall schlägt uns entgegen.

Auch hier werden wir schon erwartet. Eine junge Frau in strahlend weißem Kittel kommt auf uns zu, führt uns in eine Kabine, bietet Espresso und Cappuccino an. »Die Chefin kommt gleich!«, flötet sie und verschwindet.

Tatsächlich dauert es nicht lange, bis eine dezent geschminkte Frau undefinierbaren Alters auftaucht.

»Maria! Wie schön, dich wieder einmal zu sehen!« Sie küsst Mia ziemlich affig auf beide Wangen. »Das ist also Anna? – Ich bin Inken.« Die Hand, die sie mir reicht, verrät deutlich ihr Alter.

»Dann lass doch mal sehen.«

»Was?«, frage ich überrumpelt.

»Leg mal die Kopfbandage ab«, sagt Mia.

Ich muss mich verhört haben.

»Glaub mir«, versichert Inken, »ich habe schon einiges gesehen.«

»Ich …«

»Tu's einfach, Anna«, sagt Mia.

Ich kann kaum fassen, was mir eine halbe Stunde später aus dem Spiegel entgegensieht. Es ist nicht die Anna von vor dem Unfall, aber sie sieht ihr verblüffend ähnlich.

Inken hat mit etwas, das sie Camouflage nennt, meinen Hals und mein Gesicht bearbeitet. Dieses Makeup ist stärker als das Rot der Narben und es mildert sogar die Dellen am Kinn und am Unterkiefer ein wenig. Ich sehe nicht mehr aus wie ein Monster, sondern höchstens wie jemand mit ziemlich schlechter Haut.

»Solange du Kompression tragen musst«, sagt Inken, »hat es natürlich wenig Sinn, dich so aufwendig zu schminken. Aber wenn du deine schönen Augen und diese wunderbaren Wangenknochen etwas betonst, fühlst du dich vielleicht auch mit der Kopfbandage wohler.«

»Und jetzt weißt du wenigstens, was du mit dem richtigen Make-up alles erreichen kannst«, ergänzt Mia.

Ich bin sprachlos. Im wahrsten Sinne des Wortes sprachlos. Ich kann nur dasitzen und in den Spiegel starren.

»Ich verstehe ja, dass du dich gerne noch ein bisschen bewundern würdest«, sagt Mia, »aber wir brauchen unbedingt noch etwas zum Anziehen.«

38

»Nicht! Lasst mich los!« Vivien zappelte und strampelte, doch Tobi und Dennis schleppten sie trotzdem zum See, machten ein paar Schritte ins Wasser, holten Schwung und ließen los. Vivi kreischte und ging unter, kam prustend wieder hoch, strich sich die Haare aus dem Gesicht und wischte sich das Wasser aus den Augen.

»Ihr Blödmänner!«, schrie sie.

»Warum regst du dich denn so auf?«, fragte Dennis verblüfft. »Das war doch nur Spaß!«

»Toller Spaß!«, fauchte Vivien. »Hast du eine Ahnung, wie lange es dauert, bis meine Haare wieder trocken sind?«

»Ach, nun komm schon ...« Tobi wollte ihr einen Arm um die Schultern legen, doch Vivi stieß ihn zurück. Mit einem Schrei ließ sich Tobi ins Wasser fallen, aber Vivien beachtete ihn schon gar nicht mehr. Sie stapfte zu ihrem Rucksack, zerrte ein Handtuch heraus und trocknete sich ab, dann zog sie ein T-Shirt über ihren Bikini und kam zu mir ans Lagerfeuer. »Hast du eine Ahnung, wann Luisas

Bruder kommt?«, wollte sie wissen und ließ sich in den Sand fallen.

»Das kann dauern«, sagte ich bedeutungsvoll. Luisa ließ sich gerade von Marcel Griffe auf der Gitarre zeigen.

»Ich find's total öde hier«, schimpfte Vivien. »Wenn ich gewusst hätte, dass die einen auf Lagerfeuerromantik machen …! Jetzt stinken auch noch meine Haare nach diesem ekligen Fischwasser!«

Ich schnupperte. »Finde ich nicht. – Wenigstens nicht schlimm.«

Phil setzte sich zu uns. »Habt ihr Feen Lust auf 'ne grüne Fee?«, grinste er.

»Auf was?«

Wie ein schlechter Zauberer holte er eine Flasche mit giftgrüner Flüssigkeit hinter seinem Rücken hervor. Vivien griff sofort danach, schraubte sie auf und wollte trinken, doch dann schimpfte sie los: »Das stinkt ja total nach Lakritze! Ich hab was Besseres.« Sie zerrte ihren Rucksack heran, verschwand fast darin und tauchte schließlich mit einer Zweiliterflasche wieder auf.

»Was ist das?«, wollte Phil wissen.

»Wodka-Red-Bull.«

»Echt? Super!« Luisa war doch weniger auf Marcel konzentriert, als ich gedacht hatte. Sie sprang auf, umrundete das Feuer und nahm Vivi die Flasche ab. »Den hast du gut gemischt«, erklärte sie nach einem kräftigen Schluck. »Willst du auch?« Sie hielt mir die Flasche hin.

»Nee! Flüssige Gummibärchen find ich abartig.« Ich schnupperte an Phils grüner Fee. Die roch richtig lecker. Ein wenig nach Ouzo, ein wenig nach Anis und tatsächlich auch nach Lakritze. Und wie Lakritze schmeckte sie süßlich. Allerdings biss sie in die Zunge und brannte in der Kehle.

»Sei vorsichtig«, mahnte Phil, »das Zeug ist ziemlich stark.«

»Du meinst wohl, Mädchen vertragen nichts, was?« Luisa griff nach der Flasche, nahm einen Schluck und schüttelte sich. »Das schmeckt ja widerlich«, ächzte sie. »Wie kannst du nur so etwas trinken, Anna?«

»Ich mag Lakritze«, sagte ich.

»Stimmt«, mischte Vivien sich ein. »Du und Merle, ihr habt ständig diese ekligen schwarzen Schlangen gefuttert.«

Phil stand auf, nahm Luisa die Flasche ab und schlenderte zu Dennis und Tobi hinüber.

»Sie fehlt dir, oder?«, fragte Luisa und sah mich aus zusammengekniffenen Augen an.

»Wer?«

»Na wer wohl? – Merle.«

»Wie kommst du denn darauf?«

Luisa schnippte mit dem Mittelfinger nach einem meiner Ohrringe. »Vielleicht, weil du die immer noch trägst?«

»Ich find sie einfach schön«, verteidigte ich mich. »Und außerdem waren sie ein Geburtstagsgeschenk.«

»Von Merle«, sagte Luisa.

»Der Petze«, ergänzte Vivien und trank erneut aus ihrer Riesenflasche.

Ich wusste nicht, was ich darauf sagen sollte, doch ein Polizeiwagen, der über die Forststraße an den See geholpert kam, machte eine Antwort überflüssig, denn sofort waren alle auf den Beinen.

»Was wollen die denn hier?«

»Darf man jetzt nicht mal mehr feiern?«

Das Auto hielt, die Türen gingen auf, ein älterer Beamter und eine junge Polizistin stiegen aus. Sie setzten ihre Mützen auf, verriegelten den Wagen und sahen sich kurz um. Dann kamen sie zu uns herüber.

»In der Zentrale ist ein Notruf vom Baggersee eingegangen«, sagte die junge Frau. »Wisst ihr etwas darüber?«

»Was denn für ein Notruf?«, fragte Marcel.

Wir rückten neugierig näher.

»Das möchten wir gern von euch wissen«, sagte der ältere Beamte.

»Wir wissen nix«, rief Vivien, schlug sich sofort mit der Hand auf den Mund und versuchte, ihre Flasche hinter dem Rücken zu verstecken.

»Seid ihr überhaupt schon sechzehn?«, fragte die Polizistin mit einem Blick auf die vielen Bierdosen, die ums Feuer herumlagen.

»Logisch!«, erklärte Marcel.

»Ausweise habt ihr wohl keine dabei?«

»Am Baggersee?« Phil lachte ungläubig.

Die junge Frau seufzte. »Gehen wir weiter?«, fragte sie ihren Kollegen.

Der nickte, brummte etwas, das wie »Ich hasse den Ferienanfang« klang, und steuerte die nächste Gruppe an.

»Passt bloß auf das Feuer auf«, sagte die Polizistin im Gehen. »Das kann ganz schnell außer Kontrolle geraten.«

39

Als ich Mia erzählt habe, dass Ole mich zum Deichfest eingeladen hat, hat sie zugegeben, dass der Professor auch kommen würde. Nun sind wir drei also in seinem Wagen unterwegs zum Fest. Dass ich auf dem Rücksitz Platz nehme, fällt nicht weiter auf, denn der Professor lächelt glücklich vor sich hin und greift immer wieder nach Mias Hand. Als er schließlich einparkt, hält ein schwarzer Golf in der Parkbucht neben uns. Aus den Boxen dröhnt so laut Heavy Metal Musik, dass ich denke, der Wagen müsste jeden Moment in seine Einzelteile zerfallen.

»Ole ist also auch schon da«, lacht Mia.

»Das …?« Ich hasse Heavy Metal. Marleen soll ihren Ole ruhig behalten, auch wenn er, als er jetzt aus dem Auto steigt, aussieht wie ein Kandidat für die Mister-Germany-Wahl.

»Du siehst toll aus!«, sagt er und strahlt mich an.

»Das haben wir ihr auch schon gesagt«, lacht der

Professor, »aber auf die Meinung von so alten Leuten gibt sie wohl nichts.«

Ole legt mir einen Arm um die Schultern und wir schlendern neben Mia und ihrem Mann zum Festplatz. Zum ersten Mal seit dem Unfall habe ich das Gefühl, die Leute sehen mich nicht mitleidig an, sondern freuen sich mit mir, weil ich so gut gelaunt bin.

Die lange Kette aus bunten Glassteinen, die Mia mir zu dem engen, hochgeschlossenen T-Shirt ausgesucht hat, schwingt im Rhythmus meiner Schritte. Der Wind weht mir die Haare aus dem Gesicht, aber das ist mir egal. Mia hat mich fast so gekonnt geschminkt, wie Inken es uns gezeigt hat.

Als ich die Musik höre, fangen meine Absätze wie von selbst an, auf dem Asphalt zu klappern.

»Lasst euch nicht aufhalten«, lacht Mia und ich nehme Ole an der Hand und renne fast mit ihm zum Festplatz.

Ich weiß nicht, wann es mir zum letzten Mal so gut gegangen ist. Ich verschmelze mit der Musik, mit dem Rhythmus. Ich habe noch nie Discofox getanzt, aber mit Ole funktioniert sogar das. Nicht für eine Minute verlassen wir die Tanzfläche. Ich könnte so weitermachen bis in alle Ewigkeit, wenn nicht plötzlich Mia und der Professor vor uns stünden.

»Zeit, nach Hause zu fahren«, sagt Mia.

»Oh nein!«

»Wenn du wüsstest, wie müde ich bin …«

»Ich kann Anna doch später nach Hause bringen«, sagt Ole.

»Ich weiß nicht …« Mia sieht ihn zweifelnd an.

»Ich bin vorsichtig«, sagt Ole. »Ich habe so lange für meinen Führerschein gespart, dass ich den ganz sicher nicht aufs Spiel setze.«

»Bitte!!!«

»Ich passe wirklich gut auf Anna auf«, verspricht Ole.

»Lass den jungen Leuten doch ihren Spaß«, sagt der Professor und zwinkert mir zu. Er nimmt die widerstrebende Mia am Arm und zieht sie mit sich fort.

Der DJ läutet die nächste Runde ein und Ole führt mich zurück auf die Tanzfläche.

»He Ole, nimmst du uns mit ins Dorf?«

Wie aus dem Boden gewachsen stehen zwei riesige Kerle in schwarzen Lederhosen und schwarzen T-Shirts neben Oles Golf.

»Klar, steigt ein«, sagt Ole und schließt auf.

Bevor ich etwas sagen kann, sitzen die beiden auf der Rückbank und mir bleibt nichts anderes übrig, als vorne einzusteigen.

Im Auto riecht es nach kaltem Rauch und dem

künstlichen Vanillearoma des Wunderbaums, der am Rückspiegel baumelt. Irgendwo in meinem Hinterkopf klicken träge ein paar Synapsen. Obwohl es inzwischen ziemlich kühl geworden ist, wird mir warm. Ich greife nach dem Sicherheitsgurt. Ole startet den Motor und die Musikanlage springt an.

I'm on the highway to hell dröhnt es aus den Lautsprechern und das Auto macht einen Satz, als die beiden Typen auf dem Rücksitz anfangen zu headbangen.

»Macht mal ein bisschen langsam da hinten«, ruft Ole ihnen über die Schulter zu und fährt vorsichtig aus dem Parkplatz auf die Hauptstraße. Als wir das Ortsschild passieren, sieht er zu mir herüber und sagt: »Wärst du so nett, mir eine Zigarette anzuzünden?«

In meinem Kopf wird irgendetwas kurzgeschlossen und dann schreit jemand so laut, dass AC/DC dagegen Stubenmusik ist.

40

»Scheiße! Was will mein Bruder denn schon hier?« Luisa drückte Vivi rasch die Monsterflasche mit Red Bull und Wodka in die Hand, doch zu spät. Stefan hatte sie gesehen, baute sich vor ihr auf und schnauzte sie an: »Hast du aus der Sache beim Altstadtfest überhaupt nichts gelernt?«

»Jetzt sei doch nicht so spießig!« Ganz deutlich sprach Luisa nicht mehr.

»Ich bin nicht spießig! Aber du bist offenbar dämlich!«

»Das heißt nicht dämlich, das heißt damenhaft«, kicherte Vivien und erntete dafür einen vernichtenden Blick von Stefan.

»Du kommst jetzt auf der Stelle mit.«

»Du hast mir überhaupt nichts zu sagen«, protestierte Luisa, doch Stefan zog sie heftig auf die Füße.

»Hör auf!«, schrie Luisa. »Ich komm ja schon!«

»Äh …« Ich hatte eigentlich überhaupt keine Lust, mit Stefan zu fahren, doch meinen Vater mochte ich ebenso wenig anrufen.

Zum Glück war Luisa noch nicht so betrunken, dass sie uns vergessen hätte. »Du musst Vivi und Anna auch mitnehmen«, erklärte sie ihrem Bruder.

»Dann packt eure Sachen«, kommandierte der. »Aber schnell!«

Das war leichter gesagt als getan, vor allem, weil der Boden unter meinen Füßen ziemlich heftig schwankte, als ich aufstand, um Handtuch, Badeanzug und leere Dosen zusammenzusuchen.

»Nimm die Fee mit.« Phil schob die Flasche mit dem grünen Likör in meine Tasche. »Du bist die Einzige, die weiß, was gut ist. Die anderen sind solche Ignoranten …«

»Wenn du noch quatschen willst, kannst du sehen, wie du nach Hause kommst.« Ungeduldig scheuchte Stefan uns zur Forststraße.

»Aber der Weg ist doch viel länger als der andere!«, jammerte Vivien.

»Meinst du, ich will riskieren, dass sich eine von euch auf dem Waldweg was bricht? – Los jetzt!«

Es dauerte eine Ewigkeit, bis wir den Parkplatz erreichten. Vivi jammerte über Blasen an den Füßen und Luisa verwünschte in einer Tour ihren Bruder, während ich Mühe hatte, nicht vom Weg abzukommen. Kaum hatte Stefan das Auto aufgeschlossen, fielen Vivi und Luisa auf den Rücksitz. Ich wollte mich dazuquetschen, doch Stefan hielt mich zurück. »Kommt überhaupt nicht infrage«, sagte er. »Hinten gibt es nur zwei Sicherheitsgurte. Du sitzt vorne.«

Widerwillig stieg ich ein. Das Auto gehörte Luisas Mutter und roch nach kaltem Rauch und künstlicher Vanille. Am Rückspiegel schaukelte ein Wunderbaum.

»Schnall dich an«, knurrte Stefan und schlug die Türen zu. Mit quietschenden Reifen fuhr er vom Parkplatz.

Auf dem Rücksitz stöhnte Luisa: »Muss das sein? – Mir ist total schlecht!«

»Mam bringt dich um, wenn du ihr die Sitze vollkotzt«, warnte Stefan. »Darauf kannst du dich verlassen.«

Luisa stöhnte noch einmal.

Der Weg durch den Wald hatte mich durstig gemacht. Ich brauchte dringend etwas zu trinken. In meiner Badetasche musste eigentlich noch eine Flasche sein. Tatsächlich fand ich sie auf Anhieb. Nur der Verschluss machte mir Probleme. Als ich ihn endlich aufbekam und trinken wollte, fuhr Stefan scharf um eine Kurve. Die Flüssigkeit lief mir über Kinn und Hals, tränkte mein T-Shirt.

»Mach sofort das eklige Lakritz-Zeug wieder zu«, ertönte Luisas Stimme von hinten. »Sonst kotze ich wirklich.«

»Ich hab aber Durst«, jammerte ich und schaffte es endlich, ein paar Schlucke zu trinken. Sofort brannte mein Hals wie Feuer.

Stefan sah zu mir herüber und das Auto machte einen

Schlenker. Der Rest von Phils grüner Fee ergoss sich über meinen Bauch.

»Sag mal, spinnst du?« Stefan riss mir die Flasche aus der Hand und ließ sie auf den Boden hinter seinem Sitz fallen.

»Absinth! Ich fass es nicht! Ihr seid doch vollkommen verrückt! – Ich brauch unbedingt 'ne Zigarette.« Er suchte auf der Ablage herum und kam in der nächsten Kurve fast auf die Gegenfahrbahn. »Mach du das mal«, sagte er und gab mir eine Schachtel und ein Feuerzeug.

Ich fischte eine Zigarette heraus und versuchte, sie mir so cool zwischen die Lippen zu klemmen, wie Luisa das immer machte. Nur mit dem Anzünden klappte es nicht. Ich schnippste und schnalzte mit dem Feuerzeug, doch es funktionierte einfach nicht. Ich drehte das Rädchen an der Seite, aber trotzdem tat sich nichts.

»Das Ding ist kaputt«, nuschelte ich.

»Dann lass sein. Ist vielleicht auch besser so«, sagte Stefan.

Ich spielte weiter mit dem Feuerzeug und plötzlich schoss eine Flamme heraus.

»He, was soll das? Pass auf!« Stefan verriss das Steuer und der Wagen kam fast von der Straße ab.

Ich ließ das Feuerzeug fallen, weil sich plötzlich ein weißglühender Schmerz in meinen Bauch und über meinen Oberkörper fraß.

Ein gellender Schrei erfüllte das Auto, drohte mir das Trommelfell zu zerreißen.

Bremsen quietschten. Der Wagen bekam Schlagseite. Türen wurden aufgerissen.

Ich zerrte an meinem Sicherheitsgurt. Schlug um mich. Spürte den weißen, gefräßigen Schmerz jetzt auch in meinen Händen.

Eine panische junge Männerstimme drang an meine Ohren, übertönte sogar die grässlichen Schreie.

»Wir brauchen einen Krankenwagen! Auf der Straße zum Baggersee! – Natürlich ist das ein echter Notruf! – Ich schwöre es! Bitte! Sie müssen kommen! BITTE!«

Die Stimme brach ab, doch die Schreie hörten und hörten nicht auf.

Ich spürte etwas Nasses auf meinem Gesicht, auf meinem Oberkörper, hörte ein Stöhnen, das von mir sein konnte, aber auch von jemand ganz anderem.

Und dann wurde es endlich still.

Still und dunkel.

41

»Ich habe mich flambiert«, sage ich. »Mit Absinth. 55 %. So ziemlich das Stärkste, was auf dem Markt ist.«

»Was für ein Wahnsinn.« Ole klingt erschüttert.

Ich will noch nicht ins Haus gehen. Will nicht alleine sein. Mia und den Professor wecken will ich erst recht nicht.

Deswegen sitzen wir im Strandkorb. Ole hat mich in den Arm genommen, damit ich nicht friere.

»Was passiert jetzt mit deinem Auto?«, frage ich.

»Das ist doch bloß eine Delle im Kotflügel. Mach dir da drum keine Sorgen. Das kann man leicht wieder ausbeulen.«

»Es tut mir so leid, Ole. Ich wollte dich echt nicht erschrecken.«

»Du mich? Ich habe dich doch sehr viel mehr erschreckt.«

»Aber du konntest ja nicht wissen …« Ich verstumme.

Wir sitzen da und schweigen. Sehen zum Mond hinauf. Hören die Grillen zirpen. Langsam, ganz langsam beruhigt sich mein wild schlagendes Herz.

Im ersten Stock wird ein Fenster geöffnet. Mia streckt ihren Kopf heraus.

»Wir sind da«, rufe ich ihr leise zu. »Es ist alles in Ordnung.«

42

Ich kann es!

Mein Rücken ist gerade, aber meine Schultern sind locker. Die Enden meines neuen Schals – ein Abschiedsgeschenk vom Professor – flattern hinter mir im Wind. Der Herbstmorgen ist sonnig und frisch, fast ein bisschen wie an der Nordsee.

An der letzten Kreuzung vor der Schule stehen drei Knirpse mit riesigen Ranzen auf den Rücken.

Sie starren mich an, aber sie sagen nichts.

Ich kann es!

Ich lasse mich mit dem Strom in die Schule treiben.

In der Aula finde ich den Aushang mit den Klassenzimmern. Die 10c ist dieses Jahr im zweiten Stock untergebracht. Ich wende mich um, will ins Treppenhaus gehen, da stehen sie plötzlich vor mir.

Auge in Auge stehen wir uns gegenüber.

Wie in einem alten Western.

Sie starren mich an.

Ich starre sie an.

Ich will an ihnen vorbei, aber ich schaffe es nicht.

Ihre Blicke halten mich fest.

Sie wandern über mein Gesicht. Über meinen Schal.

»Trägst du jetzt eine *bone*?«, fragt Hülya und grinst.

»Eine was?«

»Eine *bone*. Die trägt man unter dem Kopftuch. – Damit es nicht verrutscht.«

»Nein«, sage ich und muss mitgrinsen, »das ist meine Kopfbandage.«

»Schwarz steht dir besser«, stellt Hülya fest.

Ich greife nach dem Schal, um ihn abzunehmen.

»Lass«, sagt Kirsten rasch. »Der Direx hat uns die Hölle heiß gemacht, als du letztes Jahr plötzlich nicht mehr gekommen bist. Trag deinen Schal weiter.«

Ich lasse die Hände wieder sinken. »Wir haben Zimmer 231«, sage ich und gehe zur Treppe.

Ich kann es.

Vor dem Klassenzimmer stehen schon etliche Leute herum. Als sie mich kommen sehen, machen sie wortlos den Weg für mich frei. Ich flüstere »Hallo« und husche ins Zimmer.

Der Platz ganz außen in der ersten Reihe ist noch frei. Ich lasse mich auf den Stuhl fallen, atme schon wieder viel zu schnell.

Kann ich das wirklich? Am liebsten möchte ich auf dem schnellsten Weg zurück nach Hause.

»Hi«, sagt eine sanfte Stimme.

Ich blicke hoch. Kevin steht vor mir. »Gut, dass du wieder da bist«, sagt er und wird rot. Er wendet sich ab, geht schnell zwischen den Tischreihen nach hinten, um sich einen Platz in der letzten Reihe zu sichern.

Ich lege den Kopf auf die Arme und atme tief durch. Mein Herz schlägt erstaunlich ruhig.

Vielleicht schaffe ich es doch.

Um mich herum wird es langsam lauter. Nach und nach kommen alle herein.

»Ist hier noch frei?«

Mein Kopf schnellt in die Höhe.

»Sie haben mich sofort zurückgestuft. Ein ganzes Jahr könnte ich unmöglich nachholen, haben sie gemeint. – Also, ist der Platz noch frei?«

Ich rutsche mit meinem Stuhl zur Seite und sie setzt sich neben mich. Unter ihrer Sommerbräune ist sie rot geworden. Jetzt lächelt sie vorsichtig und sagt sehr leise: »Du hast mir schrecklich gefehlt.«

»Du mir auch.«

»Sind wir noch Freundinnen?« Merle sieht mich an. Sieht mir direkt in die Augen, so wie früher. Die Kopfbandage, den Schal, all das scheint sie nicht zu bemerken.

»Wenn du willst«, sage ich.

»Natürlich will ich.«

Und plötzlich weiß ich, dass ich es schaffen kann.

Dank

Ich möchte mich an dieser Stelle ganz herzlich bei den Mitgliedern von Cicatrix e.V. bedanken, die bereitwillig ausführlich und zum Teil sehr persönlich all meine Fragen zum Thema Brandverletzungen beantwortet haben. Ohne ihre Unterstützung würde dieser Geschichte etwas Wesentliches fehlen.

Von Christine Biernath sind bei Gabriel
bereits erschienen:

Innen sieht es anders aus
Bauchgefühl
Keinen Schlag weiter!
Laura & Tayfun
Leben auf Sparflamme

Biernath, Christine:
Hochprozentiges Spiel
ISBN 978 3 522 30157 2

Einbandgestaltung und -typografie:
Niklas Schütte unter Verwendung
von Fotos von Istockphoto.com/
© maodesign und © jophil
Texttypografie und Satz: Prill Partners
producing, Berlin
Schrift: Rotis Serif, Rotis Sans
Druck und Bindung: Friedrich Pustet, Regensburg

5 4 3 2 1° 08 09 10 11

www.gabriel-verlag.de